美しく 育てやすい

バラ銘花図鑑

The Best Roses for Your Garden in Japan

河合伸志

日本文芸社

はじめに

Introduction

　この図鑑に掲載しているバラは、私の視点で選んだ銘花ばかりです。子どもの頃、祖父の庭でバラと出会って以来、私はこれまでの人生で数多のバラと接してきました。その中でずっと輝きを失うことなく、今なおあちこちの庭で現役で活躍し続けるバラは多種あります。ですから、この図鑑では発売後約20年以上経過しているものを中心に掲載しています。もちろん、新しい品種にも魅力的な花はたくさんあります。しかし、庭での栽培を通して、その特性や本当の魅力を捉え、正確な情報を収集するまでには時間がかかります。それはバラの美しさに私が誠実にあるために、必要な時間です。

　一方、古い品種の中には、いつの時代もずっと人々を魅了し続け、普遍的な価値を持ち続ける花があります。私が子どもの頃に祖父の庭にあった'カクテル'も、私がバラを好きになるきっかけを与えてくれた'ブルー・ムーン'も、目新しさこそありませんが、そんなバラの銘花です。

　さて、銘花が銘花たる所以は、ぜひページを開いてご覧いただければと思います。その理由と魅力を存分に紹介することを、この図鑑の重要なテーマとしました。そのために思い切って品種数を減らし、ときには贅沢に見開き2ページで1品種のみを紹介している項もあります。品種の絞り込みには本当に苦労し、葛藤の末に身を切る思いで落とした品種もあります。しかし、代わりに選んだ品種は最も美しい写真で、美しくレイアウトをし、余すことなくその魅力を語り尽くしたつもりです。

　本当に美しいものは、永遠に価値を失わない。そんな銘花のように、価値ある一冊になることを願ってこの図鑑を制作しました。どうぞお手にとって、美しいバラの世界に心酔する時間をお楽しみください。

2019年2月吉日　　河合伸志

グラハム・トーマス
Graham Thomas

(P.098 参照)

目次
Contents

CHAPTER 1 主役にしたい！存在感あふれるバラ 008

CHAPTER 2 小さな構造物に向く美しいバラ 034

CHAPTER 3 ナチュラルガーデンに向くバラ 046

  Column　バラの育種の歴史　オールド・ローズから近年の日本のバラ 074

CHAPTER 4 鉢でも楽しめるバラ 076

CHAPTER 5 バラのアロマが素晴らしい！香りがよいバラ 092

CHAPTER 6 気難しいけれど魅力のあるバラ 108

CHAPTER 7 期待されるこれからのバラ 120

 上手に育てよう！バラの栽培カレンダー 148
 バラの銘花に会いに行こう！河合伸志にゆかりのある日本のバラ園 152
 バラの銘花を買いに行こう！本書に登場したバラの苗が購入できるナーセリー 154
 索引 156
 バラ品種解説に登場した用語集 159

本書の見方
How to use this book

Ⓐ カーディナル

Ⓑ Kardinal (KORlingo)

Ⓒ【作出年】1985年 【作出国】ドイツ
【作出者】Kordes, W.
【交配親】実生×Flamingo

Ⓓ 桃色をやや含む鮮明な緋赤色の剣弁高芯咲きで、高温期の花色はやや冴えがなく、桃色が強くなる。一輪もしくは数輪の房咲きで、花付きがとてもよい。春以降も繰り返し開花し、開花サイクルが短く、秋の花付きもとてもよい。花弁質が優れ、雨でも傷みにくい。微香。花保ちがよい。枝は中程度の太さでトゲが多く、まっすぐ伸びて分枝もよい。半直立性の樹高約1mのまとまりのよい株に生育し、比較的コンパクトなので鉢植えにも適する。樹勢は中程度で、耐病性も中程度なので、一定の防除をしたほうが順調に生育する。本品種は切り花品種として一世を風靡した品種だが、ガーデン用の品種としても、鉢植え用の品種としても能力の高い優れた品種。交配親としても活躍している。

Ⓔ HT／四季咲き／花径約10cm

Ⓐ 流通名または種名
流通名、または古くから呼ばれている一般的な名称。カッコ内は別名。海外の品種は可能な限り言語に近いカタカナ表記にしている。

Ⓑ 欧文表記
上記の流通名または種名の欧文表記。カッコ内はコード名を示し（存在しないものもある）、最初の3文字はブリーダーズ・コードといい、各育成者の専用のコードになる。

Ⓒ 作出年、作出国、作出者、交配親
主にアメリカン・ローズ・ソサエティ（American Rose Society=ARS）のデータに準じ、その品種が作られた年や発表年、国を表記。なお、交配親は、母品種×父品種で記載。不明なものは記載していない。

Ⓓ 種の説明
花の色や形、花径、香り、樹形や樹高、耐病性などの性質、育てる際の注意事項、兄弟品種などを記載。なお文末のカッコ内は執筆者名。河合の場合は、省略してある。

Ⓔ 分類／開花サイクル／花径

[分類]
主にアメリカン・ローズ・ソサエティ（American Rose Society=ARS）のデータに準じて記載しているため、国内の生育状況と合致しないものもある。

[開花サイクル]
四季咲き…………伸びた枝先に規則的に花を咲かせる。
四季〜返り咲き……不完全な四季咲きの品種で、季節や条件よっては部分的に返り咲きになったり、花枝が長く伸びないと咲かない場合がある。
返り咲き…………伸びた枝先に必ず咲くわけではなく、主に夏まで開花し、秋の花数は少ない。もしくは、初と秋に開花し、夏の花数が少ない。
弱い返り咲き………一番花以降はときどき咲くことがある。
一季咲き…………春に1回だけしか咲かない。

[花径]
成株の春の一番花の大きさ。

分類 アルファベットは分類の略号。それぞれの分類名は以下を参照（本書に登場した分類のみ記載）。

《野生種》
Sp = スピーシーズ

《オールドローズ》
A = アルバ
B = ブルボン
C = ケンティフォーリア
Ch = チャイナ
CIF = クライミング・フロリバンダ
D = ダマスク
G = ガリカ
HMult = ハイブリッド・ムルティフローラ

HP = ハイブリッド・パーペチュアル
HSpn = ハイブリッド・スピノシッシマ
Misc. OGR
 = ミスレイニアス・オールド・ガーデン・ローズ
M = モス
N = ノワゼット
P = ポートランド
T = ティー

《モダンローズ》
CIHT = クライミング・ハイブリッド・ティー
F = フロリバンダ

Gr = グランディフローラ
HMsk = ハイブリッド・ムスク
HRg = ハイブリッド・ルゴーサ
HT = ハイブリッド・ティー
HWich = ハイブリッド・ウィクラナ
LCl = ラージ・フラワード・クライマー
Min & ClMin
 = ミニチュア&クライミング・ミニチュア
Pol & ClPol
 = ポリアンサ&クライミング・ポリアンサ
S = シュラブ

CHAPTER
≪ 1 ≫

主役にしたい！
存在感あふれるバラ

バラと言えば「華やか」というイメージですが、
まさにその通りの品種達を選んでみました。
大輪から中輪、木立ち性からつるバラまで、
バリエーション豊かですので、
それぞれの条件に合ったものが
見つかるのではないでしょうか。
ぜひ、お庭の主役として
迎えてください。

Page. 008 → 033

カーディナル

Kardinal (KORlingo)

【作出年】1985年 　【作出国】ドイツ
【作出者】Reimer Kordes
【交配親】実生×Flamingo

桃色をやや含む鮮明な緋赤色の剣弁高芯咲きで、高温期の花色はやや冴えがなく、桃色が強くなる。一輪もしくは数輪の房咲きで、花付きがとてもよい。春以降も繰り返し開花し、開花サイクルが短く、秋の花付きもとてもよい。花弁質が優れ、雨でも傷みにくい。微香。花保ちがよい。枝は中程度の太さでトゲが多く、まっすぐ伸びて分枝もよい。半直立性の樹高約1mのまとまりのよい株に生育し、比較的コンパクトなので鉢植えにも適する。樹勢は中程度で、耐病性も中程度なので、一定の防除をしたほうが順調に生育する。本品種は切り花品種として一世を風靡した品種だが、ガーデン用の品種としても、鉢植え用の品種としても能力の高い優れた品種。交配親としても活躍している。

HT／四季咲き／花径約10cm

黒真珠

Kuroshinju

【作出年】1988年　【作出国】日本
【作出者】鈴木省三
【交配親】Josephine Bruce×Cara Mia

ビロード光沢がある黒赤色で、気温が低い時期ほど黒みが増す。現在ある黒系の品種の中では最も黒い品種の一つで、黒バラ特有の日焼けもない。HTとしては小ぶりで、一輪もしくは数輪の房咲きになる。半剣弁から丸弁の高芯咲きで花の開きが早く、すぐに花芯が露出する。花保ちは中程度で微香。時々、奇形花が咲くことがある。枝葉が立派なのに対し、花がやや小さい印象。花枝はトゲが多く横に強く張り出す。樹勢が強く、若木のうちはやや暴れるが、年数の経過と共に落ち着く。横張性の樹高約1.4mの大株に生育。耐病性も中程度なので、一定の防除をしたほうが順調に生育する。本品種を片親に作出された'鵜匠'は、花の特徴など様々な点で本品種に似ているが、株がコンパクトで暴れにくい。夏の暑さに弱く、高温期に下葉が黄変し落葉しやすい。

HT／四季咲き／花径約8cm

鵜匠
Ushoh

イングリッド・バーグマン

Ingrid Bergman (POUlman)

【作出年】1983年　【作出国】デンマーク
【作出者】Olesen
【交配親】Precious Platinum×実生（実生でなくElse Poulsenとの説もあり）

光沢のある赤色の半剣弁高芯咲き。主に一輪咲きで花付きがよい。花保ちはよく花弁が厚く、雨などで傷みにくい。微香。葉は照り葉で鮮やかな花色がよく映える。耐暑性が弱く、夏に下葉が黄変し落葉しやすい。樹勢は中程度で耐病性も中程度のため、一定の防除をしたほうが順調に生育する。半直立性で樹高約1.2mの株に生育し、まとまりもよく鉢植えにも向く。本品種は長年追い求められてきた光沢のある赤色バラの完成形の品種であり、総合点の高い品種。そのため世界中で人気となり、2000年に世界バラ会連合選出の「栄誉の殿堂入りのバラ」になった。品種名は欧米で活躍したスウェーデン出身の女優の名前。（黒田）

HT／四季咲き／花径約12cm

アンクル・ウォルター

Uncle Walter (MACon)

【作出年】1963年　【作出国】アイルランド
【作出者】Samuel D. McGredy IV
【交配親】Detroiter×Heidelberg

明るい赤色の剣弁高芯咲きで、数輪の房咲きになることが多く、花付きがとてもよい。花の開きは早いが花保ちは比較的よい。花弁質が優れ雨でも傷まない。やや早咲きで微香。春以降も返り咲くが、秋の花数は少ない。花枝は長さと太さ共に中程度で、直上に伸びる。シュートは直立に約3ｍ伸長し、見た目よりは誘引がしやすい。シュートの元から先まで花が咲き、つるバラとしての特性が優れている。シュートの発生が多く樹勢が強い。耐病性は中程度なので一定の防除をしたほうが順調に生育する。本品種は長年、赤のつるバラの定番品種として栽培されているが、作出国ではHTとして育てられている。品種名は作出者の叔父の名前で、親代わりに作出者を支えた人物。

HT／返り咲き／花径約10㎝

オーレ

Olé

【作出年】1964年　【作出国】アメリカ
【作出者】David L. Armstrong
【交配親】Roundelay×El Capitan

燃えるような朱赤色の波状弁咲きで、秋は色がやや濃くなる。数輪の房で咲くことが多く、花付きがとてもよい。花保ちがとてもよく、花弁質が優れ雨でも傷まない。春以降も繰り返し開花し秋の花付きもよい。花枝はトゲが多く中程度の太さ。樹高約1ｍの半直立性のまとまりがよい株に生育し、鉢植えにも向く。樹勢は中程度で、耐病性は中程度なので一定の防除をしたほうが順調に生育する。ガーデン・ローズとして優れているが、流通量が少ないのが惜しまれる。枝変わりに'つる オーレ'(Olé, Climbing)があり、花枝が短く、目を奪うような鮮やかな花が咲き揃うと、大変見応えがある。つる性の枝変わりは2系統存在するようだが、国内で流通するのは鈴木満男氏が発見した系統。

Gr／四季咲き／花径約10㎝

春風

Harukaze

【作出年】1985年　【作出国】日本
【作出者】鈴木省三　【交配親】Charleston×
テリハノイバラ（トゲ無しタイプ）(*Rosa luciae* (Thornless Type))

ローズ色に底や花弁裏が黄色を帯び、開花と共に全体が赤みを帯びる。丸弁平咲きで数輪から大きめの房になって開花し、花付きがとてもよい。早咲き性で花保ちがとてもよい。微香。枝にはトゲがほとんど無く、シュートは弓なりに約3〜4m伸長するランブラー・タイプのつるバラで、自然樹形ではグラウンド・カバーとしても使用できる。枝は比較的しなやかで誘引しやすく、シュートの節々から短い花枝を伸ばして開花し、大型のアーチやフェンス、オベリスクなどに向く。黒星病やうどんこ病に強く樹勢もとても強く、減農薬栽培でも育てやすい。本品種には兄弟個体として山吹色の'ゴールデン・リバー'がある。正式に発売された品種ではないが、発売を諦めきれなかった作出者が一部の愛好家に秘密裏に譲渡し、愛好家経由で広まった。基本的な特性は'春風'と同じだが、本品種のほうが枝はやや太く堅く、分枝も粗い。

HWich／一季咲き／花径約6cm

ゴールデン・リバー
Golden River

ピース

Peace (MEImagarmie)

【作出年】1945年　【作出国】フランス　【作出者】Francis Meilland
【交配親】((George Dickson×Souvenir de Claudis Pernet)×(Joanna Hill×Charles P. Kilham))×Margaret McGredy

淡黄色に外弁にピンク色のぼかしが入り、気候等により色彩は微妙に変化する。半剣弁高芯咲きで主に一輪咲き。花付きは中程度。開花と共に色が淡くなり花保ちは中程度。ティー系の中香。花枝は太く葉も大きな照り葉で存在感がある。半横張り性の樹高約1.4mの大きな株に生育する。樹勢は中程度で、耐病性も中程度なので一定の防除をしたほうが順調に生育する。枝変わりに'シカゴ・ピース'と'クローネンブルク'（いずれも花色以外の性質はほぼ同等）、つる性の'つる ピース'（Peace, Climbing）（返り咲き性の大型つるバラ）などがある。本品種の原名は'マダム・アントワーヌ・メイアン'という作出者の母親の名前が付けられていたが、第二次世界大戦の戦況の悪化の中でフランスからアメリカへと避難させられ、世界の平和を願い'ピース'と名付けられて世に発表された。作出当時の基準では性質の強いバラであり、強健化・大型化の方向へ改良が進んでいた当時のモダン・ローズの一到達点に達した品種といえる。そのため多くの品種の交配親に使われ、'ゴールドクローネ'（Goldkrone）、'コンフィダンス'（Confidence）、'ガーデン・パーティ'（Garden Party）、'ミッシェル・メイアン'（Michèle Meilland）、'ローズ・ゴジャール'（Rose Gaujard）など数多くの銘花の交配親となっており、それらの子孫の品種は「ピース・ファミリー」と呼ばれている。1976年に世界バラ会連合選出で初の「栄誉の殿堂入りのバラ」となり、20世紀を代表するバラの品種といえる。

HT／四季咲き／花径約14㎝

シカゴ・ピース
Chicago Peace (JOHnago)

サーモン・ピンクで裏や底が黄色を帯びる。

クローネンブルク（フレーミング・ピース）
Kronenbourg (Flaming Peace) (MACbo)

表が濃赤色で花弁裏が黄色。時々'ピース'に戻ることがある。

プランセス・ドゥ・モナコ

Princesse de Monaco (MEImagarmic)

【作出年】1982年　【作出国】フランス
【作出者】Marie-Louise Meilland
【交配親】Ambassador×Peace

アイボリーにピンクの覆輪がくっきり入る。丸弁高芯咲きで、ティー系の中香。主に一輪咲きで、花付きは中程度。やや早咲きで花保ちがよい。花枝は太くがっしりとし、樹高約1.2mのまとまりがよい株に生育し、鉢植えにも向く。樹勢は中程度。耐暑性がやや弱く、高温期に葉がさじ状に変形する。前モナコ公妃の故グレース・ケリーに本品種は贈られることが決まっていたが、正式な発表前に交通事故で亡くなってしまう。枝変わりに国内で発見された'つる プランセス・ドゥ・モナコ'（Princesse de Monaco, Climbing）が2系統流通し1系統はよく返り咲くが、つる性が不安定。もう1系統はつる性が安定しているが、ほとんど返り咲かない。どちらも枝は太く堅いので、用途はフェンスなどに限られる。いずれも耐病性は中程度で、順調に生育させるためには一定の薬剤散布が必要。

HT／四季咲き／花径約12cm

カリフォルニア・ドリーミング
California Dreamin' (MEIbihars)

'プランセス・ドゥ・モナコ'を交配親とし、その改良版として発表された品種。色調が濃く派手な印象。耐暑性も強く、花径約15cmの巨大輪だが花付きがよい。中香。

パルテノン
Parthenon (DELbro)

'プランセス・ドゥ・モナコ'より15年前の品種。色調などがよく似るが、繊細な印象で日本人に好まれる。耐暑性もあり、微香。

コンスタンス・スプライ

Constance Spry (Ausfirst)

【作出年】1961年　【作出国】イギリス
【作出者】David C. H. Austin
【交配親】Belle Isis×Dainty Maid

ピンク色の大きなカップ咲きで、一輪もしくは数輪の房咲きになり、花付きがとてもよい。強いアニスの香りがあり、花保ちはやや悪い。一季咲きだが、花がらを残すと秋には大きなオレンジ色の実が多数なる。花枝は細めでしなやかさがあり、花首はうつむくこともある。シュートは弓状に約2〜3m伸び、大型のシュラブに生育する。つるバラとして扱うことができ、アーチやオベリスク、フェンスなど用途が広い。つるバラとしての性質が優れ、伸びた枝の節々に花を咲かせ、シュートは太さの割にはしなやかで誘引しやすい。挿し木苗などではサッカーによって、思わぬところから芽を吹くことがある。樹勢が強く、悪条件に耐えて生育し、耐病性はやや優れるが、一定の防除をしたほうが順調に生育する。

S／一季咲き／花径約10cm

新雪

Shinsetsu

【作出年】1969年　【作出国】日本　【作出者】鈴木省三
【交配親】(Blanche Mallerin×Neige Parfum)×New Dawnの実生

純白の剣弁平咲きで、一輪もしくは数輪の房咲きになり、花付きがとてもよい。ティー系の強香。花保ちはやや悪いが、春以降も秋までよく咲く。花がらを残すと秋には大きなオレンジ色の実が多数なるが、花が返り咲かなくなる。花枝は細めでしなやかさがあり、長く横に張り出すように伸びる。シュートは斜上に約3m伸び、大型のアーチやオベリスク、大きめのフェンスなどに向く。つるバラとしての性質が優れ、伸びた枝の節々に花を咲かせ、シュートは太さの割にはしなやかで誘引しやすい。年数の経過と共に株元からのシュートが発生しなくなるが、古枝にもよく花を咲かせるので大切に残す。樹勢は強く黒星病耐性は優れるが、うどんこ病の耐性は中程度。減農薬栽培に向く。

LCl／四季〜返り咲き／花径約8cm

ブラッシング・ノック・アウト
Blushing Knock Out (RADyod)

日本人好みの淡ピンク色で、花色以外の性質は同じ。時々'ノック・アウト'に戻る。

つる ノック・アウト
Knock Out, Climbing (RADjapsar)

返り咲き性でアーチやオベリスク、フェンスなどに向く。

ノック・アウト
Knock Out (RADrazz)

【作出年】2000年 【作出国】アメリカ 【作出者】William J. Radler
【交配親】Carefree Beautyの実生×Razzle Dazzleの実生

桃色を帯びた赤色のセミダブル咲きで、冷涼な気候では蛍光を発するような美しい色になる。数輪から大房で開花し、花付きがとてもよい。開花中に次の新芽が伸び始めるため、連続開花性に優れ、春から初冬まで絶え間なく花を咲かせ続ける。花弁質が強く、雨でも傷みにくい。花保ちがよく微香。樹勢は中程度で、株は半横張り性の力強い印象。樹高約1mに生育し、枝ぶりは粗いが鉢植えも可能。年数の経過と共に株元からのシュートが発生しにくくなる。耐暑性や耐寒性だけでなく耐乾性にも優れる。品種名には病気に打ち勝つ意味が込められており、その名の通り従来の耐病性の基準を変えてしまうほどの強い耐病性（特に黒星病）があり、減農薬栽培や無農薬栽培に向く。本品種はメイアン・グループより発売され、その優れた性質のため短期間で世界中に広まり、2018年には世界バラ会連合選出の「栄誉の殿堂入りのバラ」となった。枝変わりに'ピンク・ノック・アウト'と'ブラッシング・ノック・アウト'、つる性の'つる ノック・アウト'がある。また同じシリーズとして発売されている'ダブル・ノック・アウト'と'ピンク・ダブル・ノック・アウト'は一部を除く基本的な性質が'ノック・アウト'とよく似ている。（永井）

F／四季咲き／花径約8cm

ピンク・ノック・アウト
Pink Knock Out (RADcon)

ピンク色の枝変わりで花色以外の性質は同じ。時々'ノック・アウト'に戻る。

ダブル・ノック・アウト
Double Knock Out (RADtko)

'ノック・アウト'と同色。早生で弁数が多く繊細な枝ぶり。耐乾性にはやや劣る。

ピンク・ダブル・ノック・アウト
Pink Double Knock Out (RADtkopink)

'ピンク・ノック・アウト'と同色。早生で弁数が多く繊細な枝ぶり。耐乾性にはやや劣る。寒さで枝に黒いシミが現れる。

ピエール・ドゥ・ロンサール

Pierre de Ronsard (MEIviolin)

【作出年】1985年 　【作出国】フランス 　【作出者】Marie-Louise Meilland
【交配親】(Danse des Sylphes×Handel)×Pink Wonder, Climbing

白色に中心がピンク色に染まる。日照不足で発色が悪くなる。整ったカップ咲きで、中心が複数に割れることがある。数輪の房咲きになることが多く、花付きがとてもよい。花保ちもよく、花弁が雨などで傷みにくい。微香。関東地方以西の平地では二番花が多少咲くが、夏以降はほとんど咲かない。冷涼な気候下では秋まで返り咲く。花枝は中程度の太さで短く堅い。花首はややうつむき、高い位置に誘引すると花の表情を楽しみやすい。シュートは直立に約3m伸び、アーチやオベリスク、フェンスと用途が広い。シュートの節々に花を咲かせる。枝は堅く充実しやすく、枝の縦筋がねじれる。年数の経過と共に、株元からのシュートが発生しにくくなるが、古枝にもよく花が咲くので大切に残す。樹勢は強いが耐病性は中程度で、一定の防除をしたほうが順調に生育する。発売当初は不人気だったが、現在では国内で最も多く販売されている品種で、2006年には世界バラ会連合選出の「栄誉の殿堂入りのバラ」となった。枝変わりに'ブラン・ピエール・ドゥ・ロンサール'と'ル・ポール・ロマンティーク'、'ロワ・ドゥ・ロンサール'、'ロゼ・ピエール・ドゥ・ロンサール'（Rose Pierre de Ronsard）がある。花色以外の性質はほぼ同等。'ロゼ・ピエール・ドゥ・ロンサール'は花色が不安定なため国内では発売中止となった。また'ルージュ・ピエール・ドゥ・ロンサール'（Rouge Pierre de Ronsard）は本品種とは遺伝的に関係がない別品種。

LCl／弱い返り咲き／花径約10cm

ブラン・ピエール・ドゥ・ロンサール
Blanc Pierre de Ronsard (MEIviowit)

白色に中心が淡いピンク。発色がよくなかった時の'ピエール・ドゥ・ロンサール'と花色が近い。

ル・ポール・ロマンティーク
Le Port Romantique (ZENtuyamashita)

'ロワ・ドゥ・ロンサール'や'ロゼ・ピエール・ドゥ・ロンサール'と同色の濃ピンクだが、花色が安定していて'ピエール・ドゥ・ロンサール'に戻ることがない。

ロワ・ドゥ・ロンサール
Louis de Ronsard

'ル・ポール・ロマンティーク'や'ロゼ・ピエール・ドゥ・ロンサール'と同色の濃ピンクだが、花色がやや不安定で、絞り模様が入るなど部分的に'ピエール・ドゥ・ロンサール'に戻ることがある。

サマー・スノー（つる）

Summer Snow, Climbing

【作出年】1936年　【作出国】フランス（異説あり）　【作出者】Couteau　【交配親】Tausendschönの実生

白色の丸弁平咲きで、数輪から大房で開花し花付きがとてもよい。花保ちもよく、花弁が雨などで傷みにくい。微香。葉は浅い緑色。枝はトゲがほとんど無く、シュートは斜上に約3m伸び、途中から分枝することが多い。花枝は堅くて短く、伸びたシュートの元から先まで花を咲かせる。シュートは細く、しなやかで誘引しやすく、アーチやオベリスク、フェンス、ウィーピング・スタンダードなどと用途がとても広い。古枝は木質化すると表皮が灰白色に変化。樹勢が強く、年数が経過しても株元からのシュートの発生が多い。時々ピンク色の花を咲かせ、ピンク一色になった枝変わり品種は'春がすみ'の名で流通し、本品種の親の'タウゼントシェーン'（国内では一部で'ティー・ランブラー'（Tea Rambler）と混同されている）と酷似する。本品種の実生から誕生した'南部ざくら'は、花以外の性質はほぼ本品種と同じ。本品種には'サマー・スノー'という木立ち性の枝変わりも存在し、その更なる枝変わりとして'スプリング・パル'と'すまいる・優雅'がある。3品種とも樹高約0.8mとまとまりのよいコンパクトな樹形で、鉢植えに向く。春から秋まで次々と開花し、秋の花付きもよい。減農薬栽培も可能。本項全ての品種は黒星病には強いが、うどんこ病やハダニにはやや注意が必要。

CIF／一季咲き／花径約5cm

サマー・スノー（ブッシュ）
Summer Snow

つるバラから四季咲き性への珍しい突然変異の事例。

スプリング・パル
Spring Pal

桃色の枝変わりで'春がすみ'と同色。その他は'サマー・スノー'（ブッシュ）と同じ。

春がすみ
Harugasumi

'ピンク・サマー・スノー'の名で流通することもある。花色以外の性質は'サマー・スノー'（つる）と同じ。

南部ざくら
Nambuzakura

'春がすみ'よりも淡い桃色で花径約3㎝。花以外の性質は'サマー・スノー'（つる）と同じ。

すまいる・優雅
Smile Yuga (ZENfuyuga)

白に外弁が緑色を帯びる。その他は'サマー・スノー'（ブッシュ）と同じ。

レオンティーヌ・ゲルブ
Léontine Gervais

フランソワ・ジュランヴィル

François Juranville

【作出年】1906年　【作出国】フランス　【作出者】Barbier　【交配親】テリハノイバラ(*Rosa luciae*)×Madame Laurette Messimy

サーモン・ピンクのロゼット咲きで、数輪の房で開花し花付きがとてもよいが、開花前に落蕾が多少みられる。花保ちは中程度で、やや遅咲き。ティー系の中香。花枝は細く短く、時に花の重みでややしだれる。伸長力が旺盛でシュートは地を這うように約5m伸び、シュートの元から先まで花を咲かせる。パーゴラや大型のアーチ、壁面など大型の構造物やウィーピング・スタンダードなどに向く。年数の経過と共に株元からのシュートが出にくくなる。樹勢はとても強く黒星病耐性に優れるが、うどんこ病耐性は中程度。減農薬栽培に向く。'アルベリック・バルビエ'や'オーギュスト・ゲルブ'、'レオンティーヌ・ゲルブ'、'ポール・トランソン'、'ルネ・アンドレ'（René André）など、作出者のバルビエ兄弟はランブラーの銘花を多く作出していて、いずれも基本的な性質は本品種とほぼ同等。また本品種の交配親のテリハノイバラを片親に、'ポール・ノエル'や'メイ・クイーン'（May Queen）、'ガーデニア'なども作出されており、これらも性質がほぼ本品種と同等。

Hwich／一季咲き／花径約6㎝

ポール・トランソン
Paul Transon

アプリコットからサーモン・ピンク。'ポール・ノエル'と混同がみられるが、本品種のほうがアプリコットが強く現れ色が淡い。

ポール・ノエル
Paul Noël

赤みのあるサーモン・ピンク。年数が経過しても株元からのシュートの発生が多い。'ポール・トランソン'と混同がみられるが本品種のほうが濃い色。

ガーデニア
Gardenia

淡い黄色。'アルベリック・バルビエ'との混同がみられるが、本品種のほうが黄色い。

アルベリック・バルビエ
Arbéric Barbier

淡黄色の蕾が開花すると白色になる。年数の経過と共に株元からシュートが全く出なくなる。国内ではしばしば'ガーデニア'と混同されているが、本品種のほうが白い。

オーギュスト・ゲルブ
Auguste Gervais

アイスバーグ（シュネービッチェン*）

Iceberg (KORbin) (Schneewittchen)

【作出年】1953年　【作出国】ドイツ
【作出者】Reimer Kordes
【交配親】Robin Hood×Virgo

白の丸弁平咲きで数輪から大房で開花し、花付きがとてもよい。春以降も繰り返し開花し、適切な管理をすれば夏～秋にも春と変わらない数量の花が咲く。花弁は雨に強く傷みにくく、花保ちがとてもよい。ティー系の中香。花首は細めでうつむくこともあり、花枝はしなやかさがあり、半横張りの樹高約1.2ｍの株に生育する。植え付け後しばらくはシュートが発生するが、年数の経過と共に発生しなくなる。枝は堅く充実しやすく、古枝にも何年も花を咲かせ続ける。悪条件に耐えて生き残る品種ではあるものの、樹勢は中程度で耐病性は中程度なので、一定の防除をしたほうが順調に生育する。枝変わりに、つる性の'つる アイスバーグ'と花色が変わった'ブラッシング・アイスバーグ'、'ブリリアント・ピンク・アイスバーグ'、'バーガンディ・アイスバーグ'などがある。本品種の原名はドイツ語で白雪姫を意味する「シュネーヴィトヒェン」であるが、本品種の優秀性を見抜いた育種家のサム・マグレディ四世は世界的に広めるには英語での命名が必要と考え「アイスバーグ」と名付けた。その後、本品種は世界中で栽培されるようになり、1983年には世界バラ会連合選出の「栄誉の殿堂入りのバラ」となった。

F／四季咲き／花径約7㎝

ブラッシング・アイスバーグ
Blushing Iceberg (ZENfupinkice)

かすり状に淡ピンクに染まる色合いで、気温によって色の濃淡が変化。その他の性質は'アイスバーグ'と同じ。

バーガンディ・アイスバーグ
Burgundy Iceberg (PROse)

赤紫色に花弁裏が白っぽい。花芯も濃色で気温によって色の濃淡が変化。その他の性質は'アイスバーグ'と同じ。

ブリリアント・ピンク・アイスバーグ
Brilliant Pink Iceberg (PRObril)

かすり状に濃ピンクに染まる色合いで、気温によって色の濃淡が変化。その他の性質は'アイスバーグ'と同じ。

つる アイスバーグ（つる シュネービッチェン*）

Iceberg, Climbing (Schneewittchen, Climbing)

【作出年】1968年 　【作出国】イギリス 　【作出者】Cant 　【交配親】Icebergの枝変わり

銘花'アイスバーグ'のつる性で、花の特徴は左頁の'アイスバーグ'と同じ。基本的に一季咲きだが、黒星病などで落葉すると秋に咲くことがある。枝は細くしなやかさがあり、シュートは直立に約3m伸長する。伸びたシュートにまんべんなく花を咲かせ、花枝が短く、アーチやフェンス、オベリスクなどと用途は広い。花首は細めでうつむくこともあり、高い位置に誘引しても美しい。植え付け後の数年は株元よりシュートを発生させるが、それ以降はほとんど発生しなくなる。そのため初期の生育期にある程度株姿を作り上げることが大切で、それ以降は古枝を大切に残しながら剪定誘引を行う。悪条件に耐え、樹勢も強いが、耐病性は中程度なので一定の防除をしたほうが順調に生育する。（黒田）

*シュネービッチェンはシュネーヴィトヒェンの誤読

CIF／一季咲き／花径約7㎝

アルベルティーヌ
（アルバーティン）（アルバータイン）

Albertine

【作出年】1921年 　【作出国】フランス
【作出者】Barbier
【交配親】テリハノイバラ（*Rosa luciae*）× Mrs. Arthur Robert Waddell

淡いサーモン・ピンクの丸弁平咲きで、数輪の房で開花し花付きがとてもよい。花保ちはやや悪いが、ハラハラと散る姿が美しい。ティー系の強香で、満開時には周囲に香りが漂う。シュートにまんべんなく花を咲かせ、花枝が短く、パーゴラや壁面などの大型構造物に向く。枝の伸び方などの性質がP.022の他の中輪系のランブラー・タイプの品種と異なる。シュートは弓状に約3.5m伸長し、同タイプよりも堅く伸長力も劣る。また病害等で落葉させると枝が充実しにくい。鉤爪状の大きなトゲが多数あり、枝同士が絡むと外すのに苦労し、無理に引っ張ると折れやすい。年数が経過してもシュートの発生が多く樹勢がとても強く黒星病には強いが、うどんこ病耐性は中程度。減農薬栽培にも向く。（黒田）

HWich／一季咲き／花径約7cm

スパニッシュ・ビューティ
（マダム・グレゴワール・シュターヘリン）

Spanish Beauty (Madame Grégoire Staechelin)

【作出年】1929年 　【作出国】スペイン
【作出者】Pedro Dot
【交配親】Frau Karl Druschki×Château de Clos Vougeot

濃淡のあるピンク色の華やかな波状弁咲きで、数輪の房で開花することが多く、花付きがとてもよい。極早生品種で、モッコウバラに続いて開花する。花弁質は優れ雨などで傷まない。花保ちはやや悪く、ハラハラと散る。強いティー系の香りがある。花がらを残すと、洋梨型の大きな実がなるが、着色がやや悪い。シュートは斜上に約3m伸長し、比較的しなやかで誘引しやすい。シュートの元から先まで花を咲かせる。花枝は短めで花首がうつむくので、高い位置に誘引すると効果的。パーゴラや大きめのアーチ、大きめのオベリスク、壁面などと用途が広い。樹勢は強く黒星病に強いが、うどんこ病にはやや注意が必要。風通しのよい場所などに植えれば、減農薬栽培でも十分に生育する。

LCl／一季咲き／花径約12cm

エリナ

Elina (DICjana)

【作出年】1985年　【作出国】イギリス
【作出者】Patric Dickson
【交配親】Nana Mouskouri×Lolita

淡い黄色からクリーム色の丸弁から半剣弁高芯咲きで、花弁幅が広くゆったりとした印象。主に一輪で開花し、花付きは中程度。花弁は厚く堅く、雨でも傷むことがない。花保ちは中程度。ティー系の中香。中生品種の開花期終盤頃から咲き始める遅咲きで、優れた品種であるが、開花サイクルが長いのが欠点。花後の剪定は浅めにしておくと、二番花の開花が早くなる。花枝はやや太く堅くしっかりとし、半直立性の樹高約1.3mのまとまりがよい大きな株に生育する。樹勢が強く耐病性もある程度あるが、一定の防除をしたほうが順調に生育する。四季咲き大輪品種としては性質が強く栽培しやすいことから世界中に普及し、2006年には世界バラ会連合選出の「栄誉の殿堂入りのバラ」となった。

HT／四季咲き／花径約13cm

ロココ

Rokoko (TANokor)

【作出年】1987年
【作出国】ドイツ
【作出者】Hans Jürgen Evers

アプリコット色の華やかな波状弁咲きで、開ききっても美しい。数輪の房で開花することが多く、花付きはよい。花弁は厚く堅く雨でも傷みにくく、花保ちがよい。微香。春以降は二番花が咲くが、それ以降の開花が少ない。花枝は太く堅く、中程度の長さ。シュートは直立に約3m伸び、太く堅く強直なので、強いシュートが伸び始めたら約30～40cmの時点で先端を摘芯して分枝を促すと、力が分散して多少扱いやすくなる。いずれにしても誘引は単純に枝を寝かせる程度に限られ、そのため用途も大きめのフェンスや内径の大きいオベリスクに限られる。開花はシュートの先の方に集中しがちなので、段差剪定をするとよい。樹勢は強いが、耐病性は中程度なので、一定の防除をしたほうが順調に生育する。

S／返り咲き／花径約12cm

サハラ'98

Sahara'98 (TANarasah)

【作出年】1996年
【作出国】ドイツ
【作出者】Hans Jürgen Evers

山吹色の丸弁平咲き。花保ちがとてもよく、開花後に徐々に退色し、最後は白っぽくなって赤みもさす。数輪の房で開花し、花付きがとてもよい。花弁は厚く堅く、雨でも傷みにくい。微香。春以降も返り咲くが、関東地方以西の平地では花数が少ない。涼しい地域では返り咲きも、花数が多く、黒星病で落葉させた場合であっても秋によく咲く。花枝は中程度の太さで堅く短い。シュートは斜上に約2.5m伸び、しなやかさがあり比較的誘引しやすい。アーチやオベリスク、フェンスなど用途が広い。翌春にはシュートの節々に花を咲かせる。枝がやや充実しにくく、病害等で落葉させた場合は、より一層その性質が現れる。樹勢は強いが耐病性は中程度なので、一定の防除をしたほうが順調に生育する。

S／弱い返り咲き／花径約8cm

ロイヤル・サンセット

Royal Sunset

【作出年】1960年　【作出国】アメリカ
【作出者】Dennison H. Morey
【交配親】Sungold×Sutter's Gold

オレンジ色からアプリコットに変化し、一輪から数輪の房で開花し、花付きがよい。花の展開速度は速いが、花保ちは普通。早生品種でフルーティーな強香。春以降もよく開花するが、秋の花数は少なめ。花枝は節間が長く、横に伸びる。シュートは中程度の太さで、約3m伸長し、堅いので無理に曲げると折れやすい。大きめのフェンスや内径の広いオベリスクなどに向き、伸びた枝を切り詰めるとブッシュ・ローズのように仕立てられる。開花はシュートの途中から先端に集中するので、段差剪定をするとよい。年数の経過と共に株元からのシュートが発生しなくなり、古枝は年々太くなり最終的には直径6cmを超えることもある。樹勢は強いが黒星病には注意が必要で、一定の防除をしたほうが順調に生育する。

LCl／四季〜返り咲き／花径約12cm

つる ゴールド・バニー

Gold Bunny, Climbing (MEIgronurisar)

【作出年】1991年　【作出国】フランス
【作出者】Meilland
【交配親】Gold Bunnyの枝変わり

銘花'ゴールド・バニー'（P.079）のつる性の枝変わり品種で、黄色の花が数輪の房で開花し、花付きがとてもよい。花弁は堅く、雨でも傷まない。花保ちがとてもよくティー系の微香。春以降も返り咲くが花数は少なく、黒星病で落葉させた場合などは秋によく咲く。花枝は細めで堅く短く、一面に咲き揃うととても見事。シュートの伸長は約2.5mで、中程度の太さだが堅いので、無理に曲げると折れやすい。翌春にはシュートの節々に花を咲かせる。フェンスやオベリスク、アーチなどに向く。年数の経過と共に株元からのシュートが発生しなくなり寂しくなるので、株元付近は古枝を大切に残す必要がある。樹勢はやや強いが、耐病性は中程度なので、一定の防除をしたほうが順調に生育する。

CIF／弱い返り咲き／花径約7cm

ヘンリー・フォンダ

Henry Fonda (JACyes)

【作出年】1996年　【作出国】アメリカ
【作出者】Jack E. Christensen
【交配親】実生×Sunbright

目の覚めるような鮮やかな黄色で、高温期もこの色を保つ。本品種を強香にした品種として'ラディアント・パヒューム'（Radiant Perfume）も発表されたが、色では本品種には及ばず、現時点で最も美しい黄色の品種。丸弁から半剣弁の平咲きで、花は主に一輪で開花し、花付きがよい。中程度のティー系の香りで、早咲き。花の展開速度は速いが、花保ちは普通。時々奇形花が咲くことがある。半直立性で、樹高約1.2mのまとまりのよい株に生育する。鉢植えにも向く。枝がやや充実しにくく、病害等で落葉させると冬季に枯れ込むことがある。樹勢は中程度で耐病性も中程度なので、一定の防除をしたほうが順調に生育する。品種名は黄色のバラが好きなアメリカの俳優の名前。

HT／四季咲き／花径約11cm

ニュー・ドーン

New Dawn

【作出年】1930年　【作出国】アメリカ
【作出者】Somerset Rose Nursery
【交配親】Dr. W. Van Fleetの枝変わり

淡桃色の剣弁高芯咲きで、数輪から大房で開花し、花付きがとてもよいが花保ちはやや悪い。ティー系の中香で遅咲き。春以降も返り咲くが、花数はさほど多くはない。国内では親の'ドクター・W・ヴァン・フリート'が本品種と混同されているが、前者は返り咲かないので区別が可能。花枝は長く横に伸び、花の重みでやや枝垂れる。シュートは斜上に約3.5m伸長し、しなやかで誘引しやすい。伸長力がありパーゴラや壁面、大型のアーチなどに向く。枝には大きなトゲがあり、枝が絡まると誘引時に苦労する。初期生育は緩慢で徐々に樹勢を増し、最終的に大株に生育する。年数が経過してからも株元からシュートが発生する。黒星病には強く、うどんこ病耐性は中程度で、減農薬栽培に向く。完成度の高い花で、しかも返り咲き、耐病性も優れることから交配親に多用され、現代のつるバラの重要な親となった。1997年には世界バラ会連合選出の「栄誉の殿堂入りのバラ」となった。枝変わりに'ホワイト・ニュー・ドーン'と'アウェイクニング'が知られる。

LCl／返り咲き／花径約7cm

ホワイト・ニュー・ドーン
White New Dawn

白色の枝変わりで、花色以外の性質は'ニュー・ドーン'と同じ。

アウェイクニング
Awakening

花弁数が増しロゼット咲きに変化した枝変わり。花形以外の性質は'ニュー・ドーン'と同じ。

マダム・ヴィオレ

Madame Violet

【作出年】1981年 【作出国】日本
【作出者】寺西菊雄
【交配親】(Lady X×Sterling Silver)×Sterling Silver

ラベンダー色のキリリとした剣弁高芯咲き。一輪から数輪の房咲きになり、花付きは中程度。側蕾を早期に摘蕾すると、花が大きくなる。花保ちがよいが、花弁が雨で傷むことがある。十分な肥培を必要とし、肥料不足では二番花以降の芽吹きが悪くなる。微香。遅咲き。花枝は中程度の太さで堅く、長く上へ伸び、枝ぶりがやや粗い。高温期に下葉が黄変・落葉することがある。株は直立性で1.3mほどの大株に生育する。枝が堅く充実しやすく樹勢も強いが、耐病性はやや弱く一定の防除が必要。作出当時、その美しい色彩への評価が高く、切り花用にも栽培され、歌手の故美空ひばりが愛好したとされる。枝変わりに'つる マダム・ヴィオレ'（Madame Violet, Climbing）があり、花枝が長く花付きがやや少ない。

HT／四季咲き／花径約11cm

ブルー・バユー

Blue Bajou (KORkultop)

【作出年】1993年 【作出国】ドイツ
【作出者】Kordes

青みの強いラベンダー色の丸弁平咲き。一輪から数輪の房咲きになり、花付きがよい。花保ちは中程度で、開ききった花は夜間つぶれたような閉じ方をすることがある。微香。やや遅咲き。花枝はトゲが少なくやや細く、半直立性の樹高約1.2mのまとまりのよい株に生育し、鉢植えにも向く。樹勢は中程度で、耐病性も中程度なので、一定の防除をしたほうが順調に生育する。従来品種よりも青みを増したブルー・ローズとしては、世界初の'わたらせ'（Watarase）よりも本品種は後発だが、世界的には広く認められ、交配親として多用されている。枝変わりに'つる ブルー・バユー'（Blue Bajou, Climbing）があるが、つる性の性質が不安定で花付きが悪い。

F／四季咲き／花径約8cm

イエロー・クイーン・エリザベス
Yellow Queen Elizabeth

ホワイト・クイーン・エリザベス
White Queen Elizabeth

サマー・クイーン
Summer Queen

クイーン・エリザベス

Queen Elizabeth

コーラル・クイーン・エリザベス
Coral Queen Elizabeth

【作出年】1954年　【作出国】アメリカ　【作出者】Walter E. Lammerts　【交配親】Charlotte Armstrong×Floradora

ピンクの丸弁平咲き。一輪から数輪の房咲きになり、花付きがとてもよい。花弁は堅く雨でも傷みにくく、花保ちは中程度。肥培状況のよい株では、花が咲いているうちから次の芽が伸び出すため、次々と開花する。微香。花枝は中程度の太さで長い。樹勢が強く、樹高約1.4mの直立高性の株になる。年数の経過と共に株元からのシュートが発生しなくなるが、古枝に花をよく咲かせる。耐病性は中程度なので、一定の防除をしたほうが順調に生育する。悪条件に耐えて生き残るため、空き家などで2m近くまで伸びて花を咲かせていることがある。耐暑性や耐寒性にも優れるため世界中で広く栽培され、1979年には世界バラ会連合選出の「栄誉の殿堂入りのバラ」となった。枝変わりに'サマー・クイーン'や'ホワイト・クイーン・エリザベス'、'イエロー・クイーン・エリザベス'、'コーラル・クイーン・エリザベス'、'大宮人'（Ohmiyabito）、'ミス・大宮'（Miss Ohmiya）などがあり、花色以外の性質は本品種とほぼ同じ。またつる性の'つる クイーン・エリザベス'（Queen Elizabeth, Climbing）もある。

Gr／四季咲き／花径約9㎝

ラ・フランス（天地開）

La France (Tenchikai)

【作出年】1867年　【作出国】フランス
【作出者】Jean-Baptiste Guillot
【交配親】Madame Falcotの実生

ピンク色の花は花弁の裏の方がやや色が濃い。剣弁抱え咲きで、一輪から数輪の房咲きになり、花付きがとてもよい。花弁はやや雨に弱く、時に開ききらないこともある。花首はうつむくことがあり、ダマスク系の強香。花枝は細く、分枝がよく密集した株になる。樹高約1.2mの半直立性の株に生育し、まとまりがよく鉢植えにも向く。樹勢は中程度で、耐病性はやや弱いが、枝が堅く充実しやすいため悪条件に耐えて生き残りやすい。一定の防除をしたほうが順調に生育する。発売当初、四季咲き性で且つ大輪品種であったため、本品種は大きな話題となり、後に世にHT系が認められてからは、遡って本品種が初のHT系の品種とされた。なお、本品種の誕生年を境に、それ以降に誕生した系統に属するバラはモダン・ローズ、それ以前の系統に属するバラをオールド・ローズとする。枝変わりに'ホワイト・ラ・フランス'と'レッド・ラ・フランス'があり、花色以外の性質はほぼ同等。また'つる ラ・フランス'もある。

HT／四季咲き／花径約10cm

つる ラ・フランス
La France, Climbing

樹勢が強く、返り咲き性。高い位置に誘引すると魅力を発揮する。

ホワイト・ラ・フランス（オギュスティヌ・ギノワゾ）
White La France (Augustine Guinoisseau)

淡桃色の枝変わり。

レッド・ラ・フランス（ダッチェス・オブ・アルバニー）
Red La France (Duchess of Albany)

'ラ・フランス'よりやや色が濃く、低温期ほど色の差が出やすい。

CHAPTER
≪ 2 ≫

小さな構造物に向く美しいバラ

一度にたくさんの花が咲き、
庭で立体的な演出ができるつるバラは、
とても魅力的なものです。
しかし、品種によっては
株が大きくなり過ぎてしまうこともあります。
そこで、ここでは小さな庭や大鉢でも
栽培しやすい品種を選びました。
スペースの関係で、
今までつるバラの栽培を諦めていた人も、
ぜひチャレンジしてみてください。

Page. 034 → 045

ジャクリーヌ・デュ・プレ

Jacqueline du Pré (HARwanna)

【作出年】1989年　【作出国】イギリス
【作出者】Jack Harkness
【交配親】Radox Bouquet×Maigold

やや カップ状のセミダブル咲きで、白い花弁に赤の花芯が美しく映える。花は数輪の房で開花し、花付きがとてもよい。花保ちはやや悪く、青みのある柑橘香とスパイス香をミックスした強い香りがある。早咲きで他の品種に先駆けて開花し、春以降も秋までよく返り咲く。結実しやすいので、秋まで花を楽しむ場合は花がら切りが必須。花枝は短くトゲが多く、太さは中程度で堅い。シュートは斜上に約2.5m伸長し、トゲが多く太く堅い。分枝がやや悪く、大苗は太い枝が1本しかないこともあるが、生育上特に問題はない。小型のフェンスやオベリスクなどに向く。開花は枝先に集中しがちなので、株全体に花を咲かせる場合は、段差剪定をするとよい。樹勢は強いが、耐病性は中程度で、一定の防除をすることで順調に生育する。品種名は早世の天才チェリストの名で、病気で視力が衰えた後に嗅覚でこのバラを自ら選んだという。

S／四季〜返り咲き／花径約8㎝

アンジェラ

Angela (KORday)

【作出年】1984年　【作出国】ドイツ
【作出者】Reimer Kordes
【交配親】Yesterday×Peter Frankenfeld

ローズ色のややカップ状のセミダブル咲き。花は数輪から大房で開花し、花付きがとてもよく、満開時には株が花で覆われる。花保ちはとてもよく、花弁は雨などでも傷みにくい。微香。やや遅咲きで、春以降も秋までよく返り咲く。花枝は細めで短い。シュートは約2.5m伸長し、先の方は細かく分枝するので不要な枝は剪定時に根元から切るとよい。シュートはしなやかで誘引しやすく、元から先まで花をまんべんなく咲かせ、つるバラとしての性質がとても優れる。小型のフェンスやオベリスク、アーチなど用途の幅が広く、伸びた枝を冬季に切り詰めてもバランスのよい姿で開花する。樹勢が強く耐病性もあり、減農薬栽培に向く。本品種の改良版として'ポンポネッラ'がある。

F／四季〜返り咲き／花径約5cm

ポンポネッラ
Pomponella (KORpompan)

耐病性や四季咲き性がより優れ、年数の経過と共にシュートの発生が少なくなる。その他の性質は'アンジェラ'とほぼ同等。

ストロベリー・アイス（ボーダー・ローズ）
Strawberry Ice (Bordure Rose) (DELbara)

黒星病耐性はあるが、うどんこ病にやや注意が必要。

ローゼンドルフ・シュパリースホープ

Rosendorf Sparrieshoop (KORdibor)

【作出年】1988年　【作出国】ドイツ　【作出者】Kordes

淡いピンク色で、弁縁ほど色が濃い。波状弁咲きで、数輪から大房で開花し、花付きがとてもよい。花弁は雨などでも傷みにくく、微香。やや遅咲きで、春以降も秋までよく返り咲く。花枝は太く短く節間が詰まり、シュートには大きなトゲがあり、強く横に伸び出す。伸長は約2m。シュートも節間が短くゴツイ印象だが、見た目以上にしなやかで誘引も苦労しない。年数の経過と共に、株元からのシュートは発生しにくくなる。小型のフェンス、オベリスク、アーチなど用途の幅が広く、伸びた枝を冬季に切り詰めてもコンパクトな姿で開花する。樹勢が強く、耐病性もあり、減農薬栽培に向く。本品種の交配親と思われる'ストロベリー・アイス'は生育特性がよく似ているが、本品種より枝が堅い。

S／四季〜返り咲き／花径約7cm

レッド・キャスケード

Red Cascade

【作出年】1976年　【作出国】アメリカ
【作出者】Ralph S. Moore
【交配親】(Rosa luciae×Floradora)×Magic Dragon

濃赤色の丸弁から半剣弁の平咲きで、数輪から大房で開花し、花付きがとてもよい。花保ちがとてもよく、最後は花首から落花する。微香。時々花弁が黒く日焼けする。春以降も秋までよく返り咲く。花枝は細くしなやかでやや下垂し、節間がやや長い。シュートも細くしなやかで、やや弓状に伸びながら地を這う。グラウンド・カバーとして石垣や擁壁の上などの植栽にも向き、小型のフェンスやオベリスク、アーチなどにも向く。伸びた枝を冬季に切り詰めてもコンパクトな姿で開花する。樹勢は強いが、うどんこ病に弱く、黒星病耐性は標準なので、一定の防除をすることで順調に生育する。本品種はミニバラの父と呼ばれた故ラルフ・ムーアによるミニつるバラ。

ClMin／四季〜返り咲き／花径約2cm

ブリッジ・オブ・サイ

Bridge of Sighs (HARglow)

【作出年】2001年　【作出国】イギリス　【作出者】Harkness

茶を含んだオレンジ色の花は、開花後にアプリコット色に変化する。数輪から大房で開花し、花付きがとてもよい。花保ちはやや悪く、フルーツ香とスパイス香をミックスした中程度の香りがある。早咲きで他の品種に先駆けて開花する。春以降は夏までは返り咲き、秋の花は少ない。花後に結実しやすいので、返り咲かせたい場合は花がら切りが必須となる。花枝は細く短く、全ての枝は冬季に黒みの強い色になる。シュートは直立に約2m伸び、細めで比較的誘引しやすく、元から先まで花を咲かせる。小型のフェンスやアーチ、オベリスクなどに向く。樹勢は強いが、耐病性は標準なので、一定の防除をすることで順調に生育する。品種名はヴェネチアの「ため息橋」に由来する。

ClMin／返り咲き／花径約4cm

プロスペリティ

Prosperity

【作出年】1919年　【作出国】イギリス
【作出者】Joseph Hardwick Pemberton
【交配親】Marie-Jeanne×Perle des Jardins

白の丸弁から半剣弁平咲き。数輪から大房で開花し、花付きがとてもよい。花保ちがとてもよく、花弁は雨でも比較的傷みにくい。スパイス系の中程度の香りがある。春以降もよく返り咲く。花枝は細く短くしなやかさがある。シュートは半横張りに弓状に伸び、伸長は約2m。細めでしなやかなので、誘引しやすい。小型のフェンスやオベリスク、アーチなどにも向く。伸びた枝を冬季に切り詰めてもコンパクトな姿で開花する。悪条件に耐え、黒星病耐性があり、樹勢は強いが、うどんこ病にはやや弱く、一定の防除をしたほうが順調に生育する。枝変わりとも交雑種ともいわれる品種に'ピンク・プロスペリティ'（Pink Prosperity）があり、生育特性がよく似ているが、花はやや異なり花弁数が多く一回り小さい。

HMsk／四季〜返り咲き／花径約5cm

バフ・ビューティ

Buff Beauty

【作出年】1939年　【作出国】イギリス
【作出者】John A. & Anne Bentall
【交配親】William Allen Richardson×実生

黄色がかったアプリコット色で、開花後に淡く変化する。ロゼット咲きの花は、数輪から大房で開花し、花付きがとてもよい。花保ちは中程度で、ティー系の中香。花枝は中程度の太さで堅くやや短く、花首は細くうつむきかげんに咲くので、目線より高い位置で咲かせても美しい。シュートは半横張りに弓なりに伸び、伸長は約2m。シュートは比較的堅く無理をすると根元で折れやすいので、伸び始めたら仮誘引で方向を調整することが大切。小型のフェンスやアーチ、オベリスクなどの他、適度に切り詰めながら自然樹形で仕立くもよい。樹勢は強く悪条件に耐えて生き残るが、耐病性は標準なので、一定の防除をすることで順調に生育する。

HMsk／弱い返り咲き／花径約7cm

カクテル

Cocktail (MEImick)

【作出年】1957年　【作出国】フランス
【作出者】Francis Meilland
【交配親】(Independence×Orange Triumph)×Phyllis Bide

赤に中心が黄色の鮮明な色合いだが、開花後に退色する。数輪から大房で開花し、花付きがとてもよく、満開時には株が花で覆われる。花保ちはとてもよく、花弁は傷みにくい。微香。極早生でモッコウバラに続いて開花。春以降も秋までよく返り咲く。花枝は細く短く、シュートは直立に伸び、細くしなやかで誘引しやすい。シュートの元から先まで花を咲かせる優秀な品種。小型のフェンスやアーチ、オベリスクなどに向く。樹勢が強くうどんこ病耐性は標準だが、黒星病にやや弱く、一定の防除をすることで順調に生育する。かつて日本で最も多く植栽されていたバラだが、'ピエール・ドゥ・ロンサール'（P.018）にその地位は奪われた。2015年に世界バラ会連合選出の「栄誉の殿堂入りのバラ」になった。

S／四季〜返り咲き／花径約5cm

ガラシャ（伽羅奢）

Gracia (ZENtugara)

【作出年】1995年　【作出国】日本
【作出者】河合伸志
【交配親】Super Dorothy×Avon

淡桃色の一重咲きで、花弁は軽く波打つ。数輪から大房で開花し、花付きがとてもよく、満開時には株が花で覆われる。花保ちはとてもよく、花弁は雨などでも傷みにくい。微香。遅咲きで、春以降も秋までよく返り咲く。花がらを残すと綺麗な赤いローズ・ヒップが多数なる。花枝は細めで短く、花の重みでやや下垂る。シュートは横に匍匐するように伸び、伸長は約1.5m。シュートの元から先まで花を咲かせる。古枝は節に瘤ができるが、生育には問題ない。グラウンド・カバーとしての植栽や小型のフェンス、オベリスク、アーチと用途が広い。伸びた枝を冬季に切り詰めてもコンパクトな姿で開花する。樹勢は強いが、耐病性は標準なので、一定の防除をすることで順調に生育する。

ClMin／四季〜返り咲き／花径約5cm

淡雪

Awayuki

【作出年】1990年　【作出国】日本　【作出者】鈴木省三

純白の一重咲きで、数輪から大房で開花し、花付きがとてもよく、満開時には株が花で覆われる。花保ちはやや悪く、中程度のスパイス香がある。春以降も秋までよく返り咲く。花枝はやや太く短く堅い。シュートは弓状に約1.8m伸長し、先端付近は細かく分枝するので不要な枝は剪定時に根元から切るとよい。一見してゴツゴツとした枝ぶりでシュートは堅そうだが、比較的しなやかで誘引しやすい。シュートの元から先まで花を咲かせる優秀な品種。グラウンド・カバーとしての植栽や小型のフェンス、オベリスク、アーチと用途が広い。伸びた枝を冬季に切り詰めてもコンパクトな姿で開花する。樹勢は強いが、耐病性は中程度なので、一定の防除をすることで順調に生育する。

S／四季〜返り咲き／花径約3cm

スノー・グース

Snow Goose (AUSpom)

【作出年】1997年　【作出国】イギリス
【作出者】David C. H. Austin

アイボリーがかった白のポンポン咲き。数輪から大房で開花し、花付きがとてもよく、満開時には株が花で覆われる。花保ちはやや悪く、中程度から強めのスパイス香がある。春以降もよく返り咲き、秋の花付きもよい。花がらを残すと、オレンジ色の小さな実が多数なる。花枝は細く短くしなやかで、トゲが少ない。シュートはすらりと直立に約2m伸び、しなやかで誘引しやすく、発生数も多い。小型のフェンスやアーチ、オベリスク、壁面などに向く。樹勢が強く、耐病性にも優れ、無農薬栽培や減農薬栽培にも向く。同じ作出者によるよく似た品種'フランシーヌ・オースチン'（Francine Austin(AUSram)）は本品種よりも花がやや小ぶりで、シュートの伸長力が少し穏やかで斜上に伸びる。

S／四季〜返り咲き／花径約3cm

メアリー・ローズ

Mary Rose (AUSmary)

【作出年】1983年　【作出国】イギリス
【作出者】David C. H. Austin　【交配親】Wife of Bath×The Miller

ピンクのロゼット咲きで、数輪の房咲きで花付きがよい。花保ちはやや悪く、中程度のアニスの香り。春以降もよく返り咲き、秋の花付きもよい。花枝はトゲ多く、細めで短い。シュートは直立に約2ｍ伸長し、しなやかで誘引しやすい。シュートの元から先まで花を咲かせる。小型のフェンスやアーチ、オベリスクなどに向く。樹勢は強いが、耐病性は中程度なので、一定の防除をすることで順調に生育する。枝変わりに'ウィンチェスター・キャシードラル'と'ルドゥーテ'があり、花色以外の特性はほぼ同じ。また本品種を親の'ワイフ・オブ・バース'に再度交配して誕生した'コテージ・ローズ'は、本品種の花を一回り小ぶりにしたような花で、生育特性もよく似る。

S／四季～返り咲き／花径約8㎝

コテージ・ローズ
Cottage Rose (AUSglisten)

ウィンチェスター・キャシードラル
Winchester Cathedral (AUScat)

白色の枝変わり。時々'メアリー・ローズ'に戻ることがある。

ルドゥーテ
Redouté (AUSpale)

淡桃色の枝変わり。

サマー・ドリーム

Summer Dream (FRYmaxicot)

【作出年】1989年 【作出国】イギリス
【作出者】Gareth Fryer 【交配親】Sweet Dreamの枝変わり

アプリコット色の整ったカップ咲きで、数輪の房咲きで花付きがとてもよい。早咲きで花保ちがとてもよく、花弁は傷みにくい。微香。春以降は関東地方以西の平地では花数が多くないが、涼しい地域では秋までよく返り咲く。花枝はやや細く堅く短い。シュートは直立に約2.5m伸長し、中程度の太さで、比較的誘引しやすい。伸びたシュートの元から先まで花を咲かせる。フェンスやオベリスク、アーチと用途が広い。猛暑が続くと下葉が黄変・落葉することがある。樹勢は強いが、耐病性は標準なので、一定の防除をすることで順調に生育する。枝変わりの'スプリング・ドリーム'や親の'スイート・ドリーム'、その枝変わりの'スイート・メモリーズ'（Sweet Memories（WHAmemo））などは全て生育特性が同じ。

F／返り咲き／花径約6cm

スイート・ドリーム
Sweet Dream (FRYminicot)

花径約4cmと本品種より小さな花を咲かせる。

スプリング・ドリーム
Spring Dream (ZENshudream)

淡黄色の枝変わり。

羽衣

Hagoromo

【作出年】1970年 【作出国】日本 【作出者】鈴木省三
【交配親】Aztecの実生×New Dawnの実生

桃色の花弁は裏のほうが色が濃い。半剣弁から剣弁の高芯咲きで、一輪から数輪の房で開花し、花付きがよい。力の無い枝では側蕾は開花せずに落下することがある。やや遅咲きで、花保ちは中程度。青リンゴのようなティー系の中香。春以降も秋までよく返り咲くが、結実しやすいので花がら切りは必須。花枝は中程度の太さで短く、ややしなやか。シュートは斜上に約2.5m伸び、大きなトゲが多い。伸びた枝の元から先まで花を咲かせる。フェンスやオベリスク、アーチなどで用途が広い。黒星病などで落葉させると、枝が充実しにくい。悪条件に耐え、樹勢が強く、耐病性もやや強く、減農薬栽培でもある程度生育する。本品種は'新雪'（P.015）と共に、国産つるバラの銘花として広く普及している。

LCl／四季～返り咲き／花径約10cm

宇部小町

Ubekomachi

【作出年】1997年　【作出国】日本
【作出者】原田一雄　【交配親】のぞみ×八女津姫

淡桃色で開花後に白く退色し、満開時は2色咲きのように見える。小さな花は大房で開花し、花付きがとてもよく、満開時は株が花で覆われる。遅咲きで、花保ちはよく、香りはほぼない。春以降はまれに返り咲くことがある。花枝は細く短く、シュートは弓状に約2m伸長し、しなやかで自由に誘引できる。伸びたシュートの元から先まで花を咲かせる。小型のフェンスやオベリスク、アーチと用途が広い。樹勢が強く、耐病性も強く、減農薬栽培も可能だが、ハダニには注意が必要。親の'のぞみ'は日本独自の美意識にて選抜された品種だが、海外でも広く認められた実績を持つ。この'のぞみ'を親に、本品種以外に'宮城野'や'安曇野'、'須磨'、'万灯火'、メモリー'89'(Memory'89)などが作出され、いずれも性質は本品種と類似し育てやすい。また、'宮城野'の枝変わりとされる'夢乙女'は本品種と酷似し区別しがたい。'夢乙女'には枝変わりに白色の'雪あかり'と、花径約3.5cmと全体が大型化した'芽衣'(Mei)がある。

ClMin／一季咲き／花径約2cm

安曇野
Azumino

のぞみ
Nozomi

万灯火
Matobi

雪あかり
Yukiakari

宮城野
Miyagino

須磨
Suma

夢乙女
Yumeotome

CHAPTER
3

ナチュラルガーデンに向くバラ

バラは華やかな花と思いがちですが、
中には一重のシンプルな花を咲かせるものや、
愛らしい小さな花を咲かせるものもあります。
そのようなバラ達は、雑木を中心とした庭や和の庭などでも
違和感なく馴染みます。
ここではそんな清楚なバラ達を紹介します。

Page. 046 → 073

バレリーナ

Ballerina

【作出年】1937年
【作出国】イギリス
【作出者】John A. & Anne Bentall

底白の淡いピンクの一重咲きで、大房で開花し、花付きがとてもよい。開花後にやや退色し、花芯は黒くなるものの、花保ちがとてもよい。微香で晩生。一見して花はツクシイバラ（*Rosa multiflora* var. *adenochaeta*）に似るが、本品種のほうが小さい。春以降もよく返り咲くが、結実しやすいので花がら切りが必須。花がらを残した場合は、小さなローズ・ヒップが多数楽しめる。花枝は堅く短めで、シュートは斜上に約2m伸び、しなやかで誘引しやすい。伸びたシュートの元から先まで花をまんべんなく咲かせ、つるバラとしての性質がとても優れる。小型のフェンスやオベリスク、アーチなど用途が広い。伸びた枝を冬季に切り詰めてもコンパクトな姿で開花する。枝は堅く充実しやすく、悪条件に耐える。樹勢が強く、耐病性もやや強く、減農薬栽培に向くが、ハダニには注意が必要。本品種は最も広く栽培されているハイブリッド・ムスク系の品種の一つで、交配親にも多用され「栄誉の殿堂入りのバラ」の'サリー・ホームズ'（Sally Holmes）や'フランシーヌ・オースチン'（Francine Austin）、'マージョリー・フェア'（Marjorie Fair）、イエスタデイ（P.050）など多数の品種を生み出している。

HMsk／四季〜返り咲き／花径約3㎝

ロサ・バンクシアエ・ノルマリス
Rosa banksiae var. *normalis*

モッコウバラ
Rosa banksiae var. *banksiae*

プレッツァ
Purezza

ロサ・バンクシアエ・ルテスケンス
Rosa banksiae 'Lutescens'

キモッコウバラ（ロサ・バンクシアエ・ルテア）

Rosa banksiae 'Lutea'

来歴が不明なバラだが、日本には江戸時代の享保年間に渡来している。黄色のロゼット状の小花が大きめの房で開花し、花付きがとてもよく、満開時は花で覆われる。花保ちはよく、極早生で、関東地方以西の平地ではゴールデンウィーク前から開花。微香があるが、後述のモッコウバラとはやや異なる印象。トゲ無しで、小葉は3～5枚で半常緑性。花枝は短く堅い。シュートは伸長約3.5mで細くすらりとし、弧を描くように伸び、下垂しながら分枝を繰り返す。下垂しながら花が咲く姿が美しいので、生育期にきっちりと誘引するよりは、冬季にシュートを適宜固定し、その後は自然に任せるとよい。分枝した部分に花が多く咲くので、夏以降のむやみな切り詰めは、開花数の減少や咲かなくなる原因になる。古くなった幹は赤茶色になり樹皮が剥がれ落ちるが、生育上問題はない。後述のモッコウバラと同様にノイバラ台木との相性が悪く、通常は挿し木で増殖する。樹勢は強く、うどんこ病は発生することがあるが、黒星病は発生しない。最初は小さな苗でも、病害で落葉しないため、徐々に勢いを増し、最終的には大株に生育する。株の大きさを抑えたい場合は、施肥をやめ、花後に強く剪定をするとよい。耐寒性がやや弱い。2018年に世界バラ会連合選出の「オールド・ローズの栄誉の殿堂入りのバラ」になった。枝変わりに一重咲きのロサ・バンクシアエ'ルテスケンス'があり、基本的に特性は本品種と同じだが、少量のトゲがある。'ルテスケンス'には'プレッツァ'や'イブリオ・ディ・カステロ'（Ibrido di Castello）などの交配種があり、トゲがなく、親よりも開花がやや遅いが一般には極早生。基本的に一季咲きだが、気候によっては初冬に少量咲くことがある。モッコウバラと同じ香りがあり、伸長はやや穏やかで約2.5～3m。耐病性は標準なので一定の防除が必要。しばしば対にされるモッコウバラは、基本的な性質は一部を除き本品種と同じ。開花は本品種より約5～7日遅く、特有の中程度の香りがあり、周囲に漂う。花首がやや長くうつむきかげんに咲き、開花前に落蕾しやすい。初期生育は本品種よりも旺盛で、若木のうちの花付きが不安定。モッコウバラには一重のロサ・バンクシアエ・ノルマリスという野生種が存在し、少量のトゲがある以外はモッコウバラと同じ。ノルマリスにはナニワイバラ（P.051）との雑種と思われる'フォーチュニアナ'（Fortuniana）やチャイナ系（P.064-065）との雑種と思われる通称「ウンナンヤナギババラ」（雲南柳葉薔薇）と呼ばれるバラなどがある。いずれも極早生の一季咲き。

Sp／一季咲き／花径約3cm

イエスタデイ

Yesterday

【作出年】1974年 【作出国】イギリス
【作出者】Jack Harkness
【交配親】(Phyllis Bide×Shepherd's Delight)× Ballerina

ライラック色の半八重咲きで、大房で開花し、花付きがとてもよい。花保ちはやや悪く、スパイス系の中香。やや遅咲きで、春以降も秋までよく咲くが、結実しやすいので花がら切りが必要。花枝は細かなトゲがあり、細く短め。シュートは細く斜上に約1.5m伸長し、細くしなやかで、小型のフェンスやオベリスク、アーチなどに向く。伸びた枝の元から先まで花を咲かせ、冬季に短く切り詰めても整った姿で咲く。猛暑が続くと下葉が黄変・落葉することがある。枝が堅く充実しやすく悪条件に耐え、樹勢もやや強いが、耐病性は中程度なので、一定の防除をすることで順調に生育する。花がよく似た品種に、'ラヴェンダー・ドリーム'と'ラヴェンダー・メイディランド'があり、前者は本品種と生育特性がほぼ同じだが、後者は遺伝的には本品種と関係がなく性質も異なる。

Pol／四季〜返り咲き／花径約3㎝

ラヴェンダー・メイディランド
Lavender Meidiland (MEIbivers)

花が一回り大きく、連続的に開花。密生したコンパクトな株で、耐病性がとても優れ、無農薬栽培も可能。微香。

ラヴェンダー・ドリーム
Lavender Dream (INTerlav)

'イエスタデイ'と'ナスタラーナ'(Nastarana)の交配種。よりやや紫色が強く、耐暑性が強い。

ナニワイバラ（ロサ・ラエウィガータ）（チェロキー・ローズ）

Rosa laevigata (Cherokee Rose)

中国南部や台湾原産の野生種で、四国や九州、北米などでも野生化がみられる。野生種としてはよく目立つ大きな花で、一輪咲き。早咲きでモッコウバラと同時期に開花。花保ちは悪く、梅の花のような香りがある。濃緑色の照り葉で半常緑。花枝は堅く短い。シュートは力強く横に伸び、やがて自重で下垂し、伸長は約4m。伸びたシュートの元から先まで花を咲かせる。大株に生育し、大きなフェンスや壁面などに向く。株の大きさを抑えたい場合は、施肥をやめ、花後に強く剪定するとよい。秋にはトゲのある実が黄色く色付くが、目立ちにくい。耐寒性がやや弱い。樹勢がとても強く、耐病性に優れ、無農薬栽培に向く。本種にはブータンナニワイバラと呼ばれる別系統が存在し、花が一回り大きく開花期がやや遅い。本種の交配種には'アネモネ'や'クーパーズ・バーミーズ'（Cooper's Burmese）、'シルバー・ムーン'（Silver Moon）などがある。いずれも生育特性は似ているが、耐病性は本種よりも劣り、一定の防除をすることで順調に生育する。なかでも'アネモネ'は「ハトヤバラ」とも呼ばれ、古くより知られ、枝変わりに紅色の'ラモナ'がある。気候によっては晩秋に少量咲くことがある。

Sp／一季咲き／花径約7cm

ラモナ（レッド・チェロキー）
Ramona (Red Cherokee)

ブータンナニワイバラ
（ロサ・ラエウィガータ（ブータン産））
Rosa laevigata

アネモネ
（ピンク・チェロキー）（ハトヤバラ）
Anemone (Pink Cherokee)

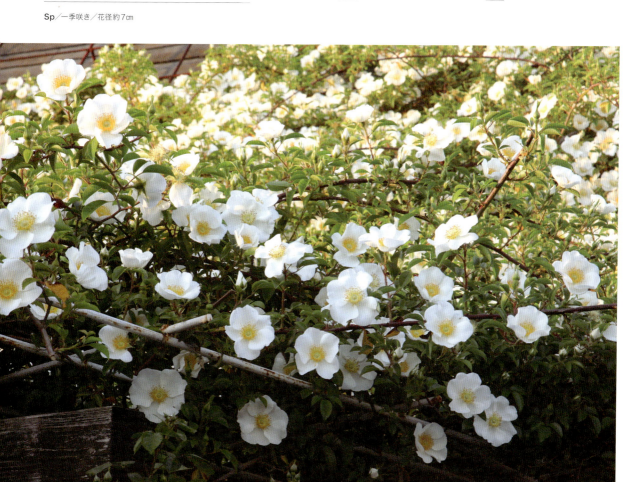

フェアリー・クイーン（左）／ラブリー・フェアリー（右）
Left: Fairy Queen (SPErien) / Right: Lovely Fairy (SPEvu)

ザ・フェアリー

The Fairy

【作出年】1932年　【作出国】イギリス
【作出者】John A. & Anne Bentall
【交配親】Paul Crampel×Lady Gay

淡桃色のロゼット咲きで、大房で開花し、花付きがとてもよい。春以降も秋までよく返り咲く。遅咲きで微香。花保ちはとてもよく、雨などでも傷みにくい。花枝はしなやかで花の重みでたわむ。分枝がよく、こんもりとしたクッション状の株に生育し、鉢植えにも向く。枝が堅く充実しやすく、悪条件に耐え、黒星病耐性が優れるが、うどんこ病にはやや弱く、樹勢も中程度。減農薬栽培に向く。枝変わりに白色の'クリスタル・フェアリー'と濃桃色の'ラブリー・フェアリー'があり、生育特性はほぼ同じだが、前者は株がやや小さい。後者の紅色の枝変わりに'フェアリー・クイーン'があり、花色以外の性質は同じ。本品種の実生の'フェアリー・ボタン'も性質はほぼ同じだが、カップ咲きで、株姿がやや立ち性。

Pol／四季咲き／花径約3cm

フェアリー・ボタン
Fairy Button

クリスタル・フェアリー
Crystal Fairy (SPEkren)

イザヨイバラ（ロサ・ルクスブルギー・ルクスブルギー）

Rosa roxburghii f. *roxburghii*

濃桃色のロゼット咲きで、一部分が裂ける様を十六夜の月に見立てて「イザヨイバラ」と呼ぶ。花保ちは中程度で、一輪咲きで花付きはよい。微香。春以降も時々返り咲く。小葉の枚数が多く、このグループが「サンショウバラ」と呼ばれている所以。花枝は堅く短い。他のバラとは異なり、樹木のように生育し、若木のうちは徒長枝が発生するが年数の経過と共に落ち着き、樹高約1.2 mの株になる。古い幹は樹皮が剥がれ白くなる。若木でも花付きがよく、鉢植えにも向く。樹勢は中程度だが、耐病性が強く、無農薬栽培が可能。本品種には斑入りの「黄覆輪葉イザヨイバラ」がありやや成長が遅いが、その他の特性はほぼ同等。また本品種より後に野生型のロサ・ルクスブルギー・ノルマリス（*Rosa roxburghii* f. *normalis*）が中国で発見され、それらは一重の桃色の花を咲かせ、秋にはトゲのある実が黄色く色付く。日本には近縁のサンショウバラ（ロサ・ヒルツラ）が自生していて、小葉が本品種よりも細長く、樹高約3 mの中木。淡桃色の花は早咲きで、花保ちが悪く、若木のうちは開花が不安定。半八重咲きの'羽衣'などいくつかの変異個体も発見されている。

Sp／返り咲き／花径約6 cm

黄覆輪葉イザヨイバラ
Rosa roxburghii f. *roxburghii* (Aureomarginata type)

サンショウバラ（ロサ・ヒルツラ）
Rosa hirtula

サンショウバラ（ロサ・ヒルツラ）**羽衣**
Rosa hirtula 'Hagoromo'

セシル・ブリュネ

Cécile Brünner

【作出年】1880年　【作出国】フランス
【作出者】Ducher
【交配親】Polyantha Alba Plena× Madame de Tartas

淡桃色のポンポン咲きで、数輪から大房で開花し、花付きがとてもよい。花保ちはやや悪く、ダマスク系の強香。春以降も秋までよく返り咲く。花首が細く長く優雅で、うつむき加減に咲くこともある。花枝はトゲが少なく、節間が長く、節数が少なく細く短い。半直立性の樹高約0.5mの株に生育し、株のまとまりもよく、鉢植えに最適な品種。樹勢やうどんこ病耐性は中程度だが、悪条件に耐え、黒星病耐性は強い。減農薬栽培が可能。1988年に世界バラ会連合選出の「オールド・ローズの栄誉の殿堂入りのバラ」になった。枝変わりに白花の'ホワイト・セシル・ブリュネ'があり、花色以外の性質は同じ。つる性の枝変わり'つる セシル・ブリュネ'はシュートの伸長が約3mと旺盛に生育し、フェンスやパーゴラなど大きめの構造物に向く。返り咲き性。アプリコット色のよく似た花を咲かせる'ペルル・ドール'は、外見や性質が本品種とよく似ているが、花が少し大きく、枝もやや太い。

Pol／四季咲き／花径約4㎝

ホワイト・セシル・ブリュネ
White Cécile Brünner

つる セシル・ブリュネ
Cécile Brünner, Climbing

ペルル・ドール（イエロー・セシル・ブリュネ）
Perle d'Or (Yellow Cécile Brünner)

群星
Gunsei

ピンクノイバラ
Rosa multiflora (Rosea type)

群舞
Gunmai

ノイバラ '満男錦'
Rosa multiflora 'Mitsuonisiki'

ノイバラ（ロサ・ムルティフローラ）

Rosa multiflora

北海道から九州まで広く自生する野生種。小さな白い花が大房で開花し、花付きがとてもよい。花保ちは悪く、スパイス系強香で周囲に漂う。早咲き。秋には赤からオレンジ色の小さな実が多数なる。シュートは弧を描くように約3m伸び、翌春には節々より短い花枝を伸ばして花が咲く。自然樹形の他、壁面やパーゴラなど大型の構造物に向く。樹勢がとても強く、耐病性にも優れ、無農薬栽培にも向くが、ハダニには要注意。本種の桃色の色変わり個体が各地で見つかっており、「ピンクノイバラ」などと呼ばれている。また古くよりある細葉で極小輪の花を咲かせる'ショウノスケバラ'（*Rosa multiflora* 'Shohnosukebara'）は本種の変異個体と考えられている。本種は園芸品種の重要な交配親で、そのいくつかは P.072-073 で紹介している。国内ではトゲ無しの系統が台木として利用され、台木の中から発見された'群星'とその実生品種'群舞'は、生育特性はほぼ本種と同じだが、台木と同様にトゲが無く、花保ちがよく香りは微香。斑入りの個体も複数発見されており、'満男錦'は直射光線でも日焼けしにくく、トゲが無い。

Sp／一季咲き／花径約2cm

コーネリア

Cornelia

【作出年】1925年　【作出国】イギリス
【作出者】Joseph Hardwick Pemberton

サーモン・ピンクからアプリコット色の丸弁平咲きで、開花後にやや退色する。数輪から大房で開花し、花付きがとてもよく、満開時は花で株が覆われる。スパイス系の中程度から強香。やや遅咲きで。花保ちはとてもよく、雨などでも傷みにくい。花枝は細く短く、トゲが少ない。シュートは横に約2m伸び、同様にトゲが少なく、しなやかで誘引しやすい。伸びた枝の元から先まで花を咲かせ、つるバラとしての性質が優れているが、冬季に短く切り詰めて自然樹形で咲かせることも可能。小型のフェンスやオベリスク、アーチなど用途が広く、樹勢は中程度で、耐病性も中程度で、ハダニには注意が必要。一定の防除をすることで順調に生育する。

HMsk／四季〜返り咲き／花径約4㎝

ダンウィッチ・ローズ

Dunwich Rose

クリームがかった白の一重咲き。花は一輪咲きで、花付きがよい。花保ちは悪く、微香。極早生でモッコウバラと同時期に花を咲かせる。花後に黒紫色の実が夏に熟す。葉は小葉の枚数が多く小さい。花枝は細かな針状のトゲが多く、とても短い。シュートは茶褐色で細く短く、直立に約1m伸び、自重や花の重みでたわむ。野趣に富んだ姿が魅力で、自然樹形で楽しむのがよい。一部の愛好家からの人気が高いが、高温多湿の気候がやや苦手で栽培しにくさがある。ノイバラの台木との相性が悪く、苗の初期生育が緩慢で、突然枯死することもある。深植えにして自根の発生を促すと、生育が落ち着いてくる。樹勢は中程度で、耐病性はややあるが、一定の防除をすることで順調に生育する。

HSpn／一季咲き／花径約3㎝

アルバ系
Alba

花色は白を基調とし、淡いピンク、ピンクまでで、基本的に淡い。葉はブルー・グレーを帯びた色彩。株は直立高性で、しっかりと自立するシュラブで、枝にはトゲが少ない。枝が堅く充実しやすく、耐寒性に優れ、耐病性は中程度であるが、悪条件に耐えて生き残る品種が多い。冬季の剪定は、枯れ枝を切る以外は不用意に行わないほうがよい。バラ戦争で有名なヨーク家の白バラはアルバ系のバラといわれる。

アルバ・セミプレナ
Alba Semi-plena

'アルバ・マキシマ'の枝変わり。蕾の時は淡桃色を帯び、開くと白になる。半八重咲きの花は、白い花弁の合間にのぞかせる黄金色の花芯が美しい。数輪の房で開花し、花付きがとてもよい。花保ちはやや悪いが、ダマスク系の強香がある。花がらを残すと、秋には美しいローズ・ヒップを楽しめる。枝や葉、株姿も典型的なアルバ系の特徴を示す。シュートは約2.5mまで伸び、中程度の太さで、フェンスやオベリスク、アーチなどに誘引することも可能。樹勢が強く大株に生育し、半日陰地や痩せ地でも生育する。本品種の元親'アルバ・マキシマ'は、花形以外の性質は同じ。[一季咲き／花径約6cm]

アルバ・マキシマ
Alba Maxima

マダム・ルグラ・ドゥ・サン・ジェルマン
Madame Legras de St. Germain

アイヴォリーがかった白のロゼット咲き。花保ちはやや悪いが、ダマスク系の強香がある。数輪の房で開花し、花付きがとてもよい。葉は典型的なアルバ系の特徴だが、枝は細くしなやかで分枝がよい。シュートは伸長約1.2mで、自然樹形の他に、小型の構造物にも誘引できる。悪条件に耐えて生き残る。[一季咲き／花径約5cm]

グレート・メイドゥンズ・ブラッシュ
Great Maiden's Blush

淡桃色のロゼット咲き。花保ちはやや悪いが、ダマスク系の強香がある。数輪の房で開花し、花付きがとてもよい。枝や葉、株姿も典型的なアルバ系の特徴を示す。シュートは約2.5mまで伸び、中程度の太さで、フェンスやオベリスク、アーチなどに誘引することも可能。樹勢が強く大株に生育する。[一季咲き／花径約6cm]

ガリカ系

Gallica

花色は紅色を中心に、濃桃色、淡桃色、赤紫色まであり、基本的に濃い。葉は革質でやや厚く、皺が目立つ。枝は細かなトゲが多く、直立に伸びる。シュートは細く多数立ち上がり、伸長力は穏やかで約1m。枝が堅く充実しやすく、耐寒性に優れ、耐病性は中程度であるが、悪条件に耐えて生き残る品種が多い。冬季の剪定は、ある程度切り詰めても開花する。自根苗はサッカーで広がる。バラ戦争で有名なランカスター家の赤バラはガリカ系のバラといわれる。

デュシェス・ドゥ・モンテベロ

Duchesse de Montebello

作出年は1824年、作出国はフランス、作出者はJean Laffay。淡桃色の美しく整ったクォーター・ロゼット咲きで、中心にボタン・アイが現れる。花保ちはやや悪いが、ダマスク系の強香がある。数輪の房で開花し、花付きがとてもよい。葉は明るい緑色で、枝はトゲが少ないが、枝や葉、株姿は典型的なガリカ系の特徴を示す。分枝がよく、細めの枝が多数立ち上がる。シュートは約1.2mまで伸び、自然樹形の他に、小型の構造物にも誘引できる。半日陰地でも生育し、悪条件に耐えて生き残る。本品種を交配親にすると'チョーサー'(Chaucer)など四季咲き性の品種が現れることから、チャイナ系の遺伝子を持つと考えられ、そのため分類でハイブリッド・チャイナとされていることもある。［一季咲き／花径約6cm］

ロサ・ガリカ・オフィキナーリス
Rosa gallica officinalis

紅色の半八重咲き。数輪の房で開花し、花付きがよい。花保ちはやや悪く、微香。葉は濃緑色で、枝や葉、株姿は典型的なガリカ系の特徴を示す。シュートの伸長は約1m。2012年に世界バラ会連合選出の「オールド・ローズの栄誉の殿堂入りのバラ」になった。枝変わりに'ヴェルシコロール'があり、花色以外は同じ。[一季咲き／花径約8cm]

ロサ・ガリカ'ヴェルシコロール'
Rosa gallica 'Versicolor'

ベル・イジス
Belle Isis

作出年は1845年頃、作出国はベルギー、作出者はParmentier。淡桃色のロゼット咲きで、アニスの強香。数輪の房で開花し、花付きがとてもよい。葉は明るい緑色で、枝や葉、株姿は典型的なガリカ系の特徴を示す。分枝がよく、シュートは約1.2mまで伸び、自然樹形の他に小型の構造物にも誘引できる。[一季咲き／花径約6cm]

カルディナル・ドゥ・リシュリュー
Cardinal de Richelieu

作出年は1845年頃、作出国はベルギー、作出者はParmentier。濃赤紫色からインパクトのある紫色に変化。数輪の房で開花し、花付きがとてもよい。微香。葉は濃緑色で、枝や葉、株姿は典型的なガリカ系の特徴を示す。分枝がよく、シュートは約1.5mまで伸び、自然樹形の他に小型の構造物にも誘引できる。[一季咲き／花径約6cm]

紫玉
Shigyoku

日本で自然実生により誕生したと推測される。濃赤紫色から紫色に変化。花付きがとてもよく、強香。葉は濃緑色で、枝や葉、株姿は典型的なガリカ系の特徴を示す。分枝がよく、シュートは約1.5mまで伸び、自然樹形の他に小型の構造物にも誘引できる。[一季咲き／花径約6cm]

シャルル・ドゥ・ミル
Charles de Mills

ガリカ系の中では全てが大ぶり。枝葉や株姿は典型的なガリカ系の特徴を示す。強香。伸長約1.5mで、小型の構造物に向く。冬季の強い剪定は咲かなくなるので要注意。2015年に世界バラ会連合選出の「オールド・ローズの栄誉の殿堂入りのバラ」になる。[一季咲き／花径約8cm]

ダマスク系
Damask

花色はピンクを基調とし、淡いピンク、白までで、基本的に淡い。葉は革質でやや厚く、皺が目立つ。枝はトゲが多い。香りの強い品種が多く、香料用にも栽培される品種もある。枝が堅く充実しやすく、耐寒性に優れ、耐病性は中程度であるが、悪条件に耐えて生き残る品種が多い。冬季の剪定は、枯れ枝を切る以外は不用意に行わないほうがよい。

マダム・アルディ
Madame Hardy

マダム・ゾエトマン
Madame Zoetmans

作出年は1832年、作出国はフランス、作出者はHardy。淡桃色を含む白色のロゼット咲きで、中心にグリーン・アイやボタン・アイが現れる。花保ちはやや悪く、強いダマスク香。数輪の房で開花し、花付きがとてもよい。枝葉はダマスク系の特徴を示す。シュートは約2m伸び、自然樹形の他にフェンスやオベリスクなどに向く。2006年に世界バラ会連合選出の「オールド・ローズの栄誉の殿堂入りのバラ」になる。よく似た品種に'マダム・ゾエトマン'があり、花がやや小ぶりでより丸みを帯びる。[一季咲き／花径約7㎝]

トリギンティペタラ
Trigintipetala

強いダマスク香で、香料用に栽培される。数輪の房で開花し、花付きがとてもよい。枝葉はダマスク系の特徴を示す。シュートは約1.8m伸び、構造物に誘引することも可能。別名とされる「カザンラク」は、その地域で栽培されるバラの総称のため誤用である。
[一季咲き／花径約7㎝]

レダ（ペインテッド・ダマスク）
Léda (Painted Damask)

作出年は1826年、作出国はイギリス、作出者はDeschiens。個性的な色彩で、花弁縁に紅色が残る白色。ロゼット咲きで、花芯にボタン・アイが表れる。数輪の房で開花し、花付きがよい。中香。枝葉はダマスク系の特徴を示す。シュートは約2m伸び、フェンスやオベリスク、アーチなどに誘引することができる。[一季咲き／花径約7㎝]

ケンティフォーリア系
Centifolia

花弁数が多いのが最大の特徴。花色はピンクを基調とし、紫がかったピンクや淡いピンク、白までと幅広い。葉は革質でやや厚く、皺が目立つ。枝はトゲが多い。小型の品種もあるのも特徴。香りの強い品種も多い。枝が堅く充実しやすく、耐寒性に優れ、耐病性は中程度であるが、悪条件に耐えて生き残る品種が多い。冬季の剪定は、枯れ枝を切る以外は不用意に行わないほうがよい。

ローズ・ドゥ・モー
Rose de Meaux

桃色の小さなロゼット咲きで、数輪の房で開花し、花付きがとてもよい。花保ちはやや悪く、中程度のダマスク香。葉は小さく、枝は細く節間も短いが、ケンティフォーリア系の特徴を示す。シュートは半直立に伸び、やがて自重でたわむ。伸長約1mでユキヤナギのような樹形になる。枝が堅く充実しやすく、耐寒性に優れ、耐病性は中程度であるが、悪条件に耐えて生き残るものの、ハダニに注意が必要。枝変わりに白色の'ローズ・ドゥ・モー・ホワイト'があり、花色以外の性質は同じ。ミニバラのような小型のケンティフォーリア系の品種には他に'スポン'（Spong）や'ポンポン・ドゥ・ブルゴーニュ'（Pompon de Bourgogne）などが知られる。[一季咲き／花径約3cm]

ローズ・ドゥ・モー・ホワイト
Rose de Meaux White

シャポー・ドゥ・ナポレオン（クレステッド・モス）
Chapeau de Napoléon (Crested Moss)

作出年は1827年、作出国はスイス、作出者はKirche。'コモン・モス'の枝変わり。独特の形状の萼が、その名（ナポレオンの帽子）の由来。クォーター・ロゼット咲きの花には強いダマスク香がある。数輪の房で開花し、花付きがとてもよい。枝や葉、株姿はケンティフォーリア系の特徴を示す。シュートは約2m伸び、フェンスやオベリスク、アーチなどに誘引することができる。[一季咲き／花径約7cm]

ファンタン-ラトゥール
Fantin-Latour

クォーター・ロゼット咲きの花には強いダマスク香がある。数輪の房で開花し、花付きがとてもよい。ケンティフォーリア系の品種の中では特徴がやや異なり、葉は皺が少なく、枝にはトゲが少なく、伸長力がありシュートは約2.5m伸びる。フェンスやオベリスク、アーチなどに誘引することができる。[一季咲き／花径約8cm]

ロサ・ケンティフォーリア
Rosa×centifolia

香料用に栽培されることもあり、強いダマスク香がある。数輪の房で開花し、花付きがとてもよい。枝や葉、株姿はケンティフォーリア系の特徴を示す。シュートは約2m伸び、フェンスやオベリスク、アーチなどに誘引することができる。枝が堅く充実しやすく、耐寒性に優れ、悪条件に耐えて生き残る。[一季咲き／花径約7cm]

モス系

Moss

花首や萼に腺毛が生えているのが、最大の特徴。花色はピンクや淡いピンクを基調に、白、絞り、濃赤紫色までと多彩。葉は革質でやや厚く、皺が目立つ。枝はトゲが多い。樹形には品種間差が大きく、香りの強い品種も多い。枝が堅く充実しやすく、耐寒性に優れ、耐病性は中程度であるが、悪条件に耐えて生き残る品種が多い。冬季の剪定は品種によって異なる。

コモン・モス（ケンティフォーリア・ムスコーサ）
Common Moss (Centifolia Muscosa)

ジェイムズ・ヴィッチ
James Veitch

ロサ・ケンティフォーリアの枝変わり。古くから存在する品種。ピンク色のクォーター・ロゼット咲きの花には、強いダマスク香がある。数輪の房で開花し、花付きがとてもよい。枝や葉はモス系の特徴を示す。シュートは約2m伸び、フェンスやオベリスク、アーチなどに誘引することが可能。枝が堅く充実しやすく耐寒性に優れ、耐病性があり悪条件でも耐えて生き残る。[一季咲き／花径約7cm]

作出年は1865年、作出国はフランス、作出者はVerdier。濃赤紫色のロゼット咲きで、花芯にボタン・アイが現れる。強いダマスク香があり、数輪の房で開花し、花付きがとてもよい。春以降もよく開花する。細めの枝で、枝葉はモス系の特徴を示す。株はコンパクトで、半直立性で樹高約0.8m。鉢植えにも適する。枝が堅く充実しやすく、耐寒性に優れ、悪条件でも耐えて生き残る。[四季〜返り咲き／花径約6cm]

ムスー・デュ・ジャポン
Mousseuse du Japon

アブラムシが付いているのかと思うほどの見事な腺毛を持つ唯一無二の存在。ダマスク系の中香。数輪の房で開花し、花付きがよい。枝や葉はモス系の特徴を示す。太めの枝で枝ぶりの粗いシュラブで、シュートは約1.5m伸び、誘引も可能。枝が堅く充実しやすく、耐寒性に優れ、耐病性があり悪条件でも耐えて生き残る。[一季咲き／花径約6cm]

ニュイ・ドゥ・ユング
Nuits de Young

作出年は1845年、作出国はフランス、作出者はJean Laffay。濃黒赤紫色の花には強いダマスク香があり、数輪の房で開花し、花付きがとてもよい。枝は細くしなやかで、枝葉はモス系の特徴を示す。シュートは約1.5m伸び、小型のオベリスクなどへの誘引も可能。枝が堅く充実しやすく、耐寒性に優れ、悪条件でも耐えて生き残る。[一季咲き／花径約5cm]

モダン・ローズのモス系

モス系の品種特有の美しい腺毛は、現代の育種家たちをも魅了してきた。そして何名かの育種家は実際に腺毛の魅力をモダン・ローズに取り入れるための育種を行い、より変化に富んだモス系の品種を生み出している。中でもアメリカの育種家で「ミニバラの父」と呼ばれた故ラルフ・ムーアは、数多くのモダン・ローズのモス系の品種を作出している。

パンプキン・キャリッジ
Pumpkin Carriage

作出年は2016年、作出国は日本、作出者は矢島成浩、交配親はMoonsprite×Gabriel Noyelle。希少な国産のモス・ローズ。アプリコット色のロゼット咲きで、アニスの中程度の香りがある。数輪の房で開花し、花付きがよい。枝葉はモス系の特徴をやや残す。枝は中程度の太さで、シュートは約2m伸び、フェンスやオベリスク、アーチなどに誘引することができる。枝が堅く充実しやすく、耐寒性に優れ、悪条件に耐えて生き残る。[S／弱い返り咲き／花径約7㎝]

ドレスデン・ドール
Dresden Doll

作出年は1975年、作出国はアメリカ、作出者はRalph S. Moore、交配親はFairy Moss×(Fairy Moss×((Pinocchio×William Lobb)×Pink Moss))。ミニ・タイプのモス系。故ラルフ・ムーアが作出したモス系品種の中でも最も完成度が高い。びっしりと生えた腺毛が見事。小さなカップ咲きの花が数輪から大房で開花し、花付きがとてもよい。微香。枝ぶりが粗く、樹高約0.8m。枝が充実しにくいので、病害で葉を落とさないように注意を要する。[Min／四季咲き／花径約3㎝]

ゴールドモス
Goldmoss

作出年は1972年、作出国はアメリカ、作出者はRalph S. Moore、交配親はRumba×モス系の実生。フロリバンダ・タイプのモス系。黄色のロゼット咲き。数輪の房で開花し、花付きがとてもよい。微香。トゲが多い枝はモス系の特徴を残すが、葉はモダン・ローズそのもの。半直立性のまとまりのよい株。樹高約1m。枝が充実しにくいので、病害で落葉させないように注意する。[F／四季咲き／花径約7㎝]

ストレンジ・ミュージック
Strange Music (MORmum)

作出年は1986年、作出国はアメリカ、作出者はRalph S. Moore、交配親はLittle Darling×(Fairy Moss×(Little Darling×Ferdinand Pichard))。ミニ・タイプのモス系。オールド・ローズ由来の絞り模様と、モス・ローズの特徴が組み合わさり、故ラルフ・ムーアの育種の集大成とも言うべき品種の一つ。花保ちがよく微香。横張りの樹高約0.3mの株で、枝が充実しにくいため病害で落葉させないように注意する。[Min／四季咲き／花径約4㎝]

チャイナ系

China

中国で成立した園芸品種と、これらがヨーロッパに渡った後に誕生した品種で、基本的に四季咲き性。花色はピンクや紅を基調に、淡いピンクや白、淡いアプリコットなどがある。枝にはトゲが少なく、葉は薄めで皺が少なくモダン・ローズに近い。耐暑性が優れるが、耐寒性がやや劣り、耐病性も中程度だが、悪条件に耐えて生き残る品種が多い。

ムタビリス

Mutabilis

イエロー・ムタビリス

Yellow Mutabilis

淡いアプリコット色から紅色に開花しながら変化。モダン・ローズの色変わりの性質がチャイナ系に由来することを証明するような品種。極早生で、ゴールデンウィーク頃から咲き始め、その後も繰り返し初冬まで開花する。数輪の房咲きで、花付きがとてもよい。高温期に下葉が黄変・落葉しやすい。花枝は細く分枝がよく、株は横張りでやや整いにくく、樹高約1.2m。樹勢は中程度で、黒星病にはやや強いが、うどんこ病には要注意。2012年に世界バラ会連合選出の「オールド・ローズの栄誉の殿堂入りのバラ」になる。枝変わりとも実生ともされる品種に'イエロー・ムタビリス'があり、生育特性はほぼ同じだが、下葉の黄変・落葉は見られない。[四季咲き／花径約7cm]

オールド・ブラッシュ

Old Brush

ヴィリディフローラ
Viridiflora

シングル・ピンク
Single Pink

ピンクの花は開花後に赤みがさす。極早生で、ゴールデンウィーク頃から咲き始め、その後も繰り返し初冬まで開花する。数輪の房咲きで、花付きがとてもよい。微香。モダン・ローズに四季咲き性を与えた「4つの種馬」の一つで、日本では民家の庭先などで見かける。花枝は細く分枝がよく、株は半直立性の樹高約1m。樹勢は中程度で、耐病性も中程度。1988年に世界バラ会連合選出の「オールド・ローズの栄誉の殿堂入りのバラ」になる。枝変わりに一重咲きの'シングル・ピンク'と、花弁が葉のようになった'ヴィリディフローラ'がある。[四季咲き／花径約5cm]

グルス・アン・テプリッツ
（日光）

Gruss an Teplitz (Nikko)

作出年は1897年、作出国はオーストリアもしくはハンガリー、作出者はRudolf Geschwind、交配親は((Sir Joseph Paxton×Fellemberg)×Papa Gontier)×Gloire de Rosomanes。宮沢賢治が栽培していたことで知られるバラ。赤色のカップ咲きで、ダマスク系の強香。数輪の房咲きで、花付きがよい。枝はトゲが少なく細くしなやかで、半直立性で樹高約1.5m。耐病性は弱いが、枝が堅く充実しやすく、悪条件でも生き残りやすい。[四季咲き／花径7cm]

センペルフローレンス

Semperflorens

濃赤色の剣弁から半剣弁の抱え咲き。数輪の房咲きで、花付きがとてもよい。極早生で、微香。枝は細しなやかで、分枝がよい。葉は小さく、花はうつむくように咲く。樹高約0.5mの横張りの株に生育。モダン・ローズに四季咲き性を与えた「4つの種馬」の一つで、日本では時々民家の庭先などで見かける。[四季咲き／花径約5cm]

ティー系
Tea

中国の園芸品種とノワゼット系やブルボン系が関わって成立。基本的に四季咲き性で、ティー系の香りが特徴。花色はピンクやアプリコットを基調に、淡いピンクや白、淡黄色などがある。枝はトゲが少なく、横張りの樹形が多い。葉は薄めで皺が少なくモダン・ローズに近い。耐寒性がやや劣るが、黒星病に強く、悪条件に耐えて生き残る品種が多い。

デュシェス・ドゥ・ブラバン（桜鏡）
Duchesse de Brabant (Sakurakagami)

作出年は1857年、作出国はフランス、作出者はBernède。うつむき加減に咲くカップ状の花で、ティー系の中香。数輪の房咲きで、花付きがよく、初冬まで繰り返しよく咲く。花枝はトゲが少なく、細く分枝がよい。横張りの樹高約1.2mのやや密生した株に生育。枝が堅く充実しやすく、悪条件に耐えて生き残る。枝変わりに白色の'ホワイト・デュシェス・ドゥ・ブラバン'（マダム・ジョゼフ・シュヴァルツ、白桜鏡）があり、花色以外の性質は同じ。つる性の枝変わりの'つる デュシェス・ドゥ・ブラバン'もあるが、花付きがやや悪い。[一季咲き／花径約8cm]

ホワイト・デュシェス・ドゥ・ブラバン
White Duchesse de Brabant

つる デュシェス・ドゥ・ブラバン
Duchesse de Brabant, Climbing

レディ・ヒリンドン（金華山）
Lady Hillingdon (Kinkazan)

作出年は1910年、作出国はイギリス、作出者はLows & Shawyer、交配親はPapa Gontier×Madame Hoste。アプリコット色の半剣弁抱え咲きで、強いティー系の香りがある。早咲き。数輪の房咲きで、花付きがよい。うつむき加減に開花する。枝は細くしなやかで、分枝がよく、茎葉に赤みがある。シュートは半直立に伸び、上部で広がる。つる性の枝変わりもあるが、ややつる性の性質が不安定で、ブッシュに戻りやすい。[四季咲き／花径約8cm]

マダム・ブラヴィ
Madame Bravy

作出年は1846年、作出国はフランス、作出者はGuillot。白から淡いピンクの剣弁から半剣弁の抱え咲き。ティー系の中香。数輪の房咲きで、花付きがよく、うつむき加減に咲く。花弁は薄く繊細で、雨で傷むこともある。花枝はトゲが少なく、細く分枝がよい。半直立性の樹高0.8mの密生した株に生育。生育がやや緩慢。シュートの発生は少ないが、古枝にもよく花が咲く。[四季咲き／花径約6cm]

リージャン・ロード・クライマー・グループ*
Lijiang Road Climber Group

中国の麗江路（リージャン・ロード）で再発見された原始的なティー・ローズ。花保ちがよく極早生で、中香。シュートは斜上に約4m伸び、枝先は複数回分枝し、分枝した枝先を中心に花が咲く。フック形の大きめのトゲを持ち、立木に自然に登ることもある。樹勢がとても強く、黒星病に強く、大株に生育する。耐寒性もある。[一季咲き／花径約7cm]

＊長年、リージャン・ロード・クライマーとされてきたが、こう呼ばれるバラにはよく似た複数の個体が存在することが明らかになったため、このような表記とした。

ノワゼット系
Noisette

チャイナ系とロサ・モスカータ（Rosa moschata）、ティー系より成立した系統。淡黄色や淡ピンクを基調に、白やアプリコットまである。四季咲きから返り咲きで、半つる性からつる性の品種が多い。枝ぶりはややしなやかで、小輪から中輪の花を咲かせるものが多い。耐寒性もある程度あり、耐病性は中程度だが、悪条件に耐えて生き残る品種が多い。

マダム・アルフレッド・キャリエール
Madame Alfred Carrière

作出年は1879年、作出国はフランス、作出者はJoseph Schwartz。淡桃を帯びたクリーム白。花保ちはやや悪く、早咲き。ティー系の中香。花枝は短くトゲが少ない。シュートは伸長約1.8mで先端は分枝し、細めだが堅いので誘引時に折りやすい。年数の経過と共にシュートが発生しなくなる。枝が堅く充実しやすく、悪条件に耐えて生き残る。2003年に世界バラ会連合選出の「オールド・ローズの栄誉の殿堂入りのバラ」になった。［弱い返り咲き／花径約8cm］

ブラッシュ・ノワゼット
Blush Noisette

作出年は1814年、作出国はアメリカ、作出者はPhilippe Noisette、交配親はChampneys' Pink Clusterの実生。ポンポン咲きの花が大房で開花し、花付きがとてもよい。春以降もよく返り咲く。スパイス系の中香。花枝は短く、トゲが少なくしなやか。シュートは伸長約2mで、しなやかで誘引しやすく、フェンスやオベリスクなど用途が広い。伸びた枝の元から先まで花を咲かせる。冬季に切り詰めてもコンパクトな姿で開花する。枝が堅く充実しやすく、悪条件に耐えて生き残る。［四季〜返り咲き／花径約3cm］

フィリス・バイド
Phyllis Bide

作出年は1923年、作出国はイギリス、作出者はBide、交配親はPerle d'Or×Gloire de Dijon。アプリコット色で開花後に退色するが、花保ちがとてもよい。数輪の房咲きで、花付きがとてもよい。微香。花枝やシュートは細くしなやかで、フック形のトゲがあり自然に木に登る。フェンスやオベリスクなど用途が広い。シュートの元から先まで花を咲かせる。やや枝が充実しにくいので、病害による落葉には注意を要する。［N(Cl Pol)＊／返り咲き／花径約4cm］

アリスター・ステラ・グレー
Alister Stella Gray

作出年は1894年、作出国はイギリス、作出者はAlexander Hill Gray。淡アプリコット色で開花後にほとんど白色になる。大房で開花し、春以降もよく返り咲く。花首が細くやや長く、ティー系の微香。花枝やシュートは細くしなやかで、トゲが少なく、節間が長くすらりと伸長する。フェンスやオベリスクなど用途が広い。冬季に切り詰めてもコンパクトな姿で開花する。［四季〜返り咲き／花径約5cm］

＊本品種はCl Polに分類されることがあるが、特性上はノワゼット系に近いため、本書では本項で紹介している。

ハイブリッド・パーペチュアル系

Hybrid Perpetua

オールド・ローズの様々な系統が交配されて成立し、多くの品種は完全な四季咲き性ではないものの、大輪の花を咲かせる。花色はピンクや紅色を基調に、白、赤紫、黒赤、アプリコットと幅が広い。枝はやや太く、葉も皺が少なく大きいものが多い。耐病性は中程度からやや弱いものが多く、品種によっては病害で落葉させると、株が衰退・枯死に至るものがある。

バロン・ジロ・ドゥ・ラン
Baron Girod de l'Ain

作出年は1897年、作出国はフランス、作出者はReverchon、交配親はEugène Fürstの枝変わり。濃赤紫に弁縁に白の覆輪が入る。数輪の房咲きで花付きは中程度。ダマスク系の強香。花枝は太く堅く短め。シュートは直立に約2.5m伸び、フェンスなどに誘引できる。病気にやや弱く、病害で落葉させると、株が衰退しやすい。同色の'ロジェ・ランブラン'（Roger Lambelin）よりも花形が整っている。[弱い返り咲き／花径約8cm]

マダム・ルナイ
Madame Renahy

作出年は1889年、作出国はフランス、作出者はGuillot。整ったカップ咲きで、花弁縁にややフリルが入る。数輪の房咲きで花付きがよい。ダマスク系の強香。花枝はやや太く堅く短め。シュートは直立に約1.5m伸び、小型のオベリスクなどへの誘引も可能。一般には冬季に切り詰めてブッシュ状に仕立てる。病気にやや弱く、樹勢が弱く、病害で落葉させると、株が衰退しやすい。[四季〜返り咲き／花径約10cm]

フラウ・カール・ドルシュキ（不二）
Frau Karl Druschki (Fuji)

作出年は1901年、作出国はドイツ、作出者はPeter Lambert、交配親はMerveille de Lyon×Madame Caroline Testout。数輪の房咲きで花付きがよい。花弁は雨で傷むことがある。微香。花枝はやや太く短く節間が狭い。シュートも同様で伸長は約2.5m。構造物に誘引できるが、頂芽優勢が強いので、枝を確実に水平に寝かす。枝が堅く充実しやすく、悪条件に耐えて生き残る。枝変わりに'艶姿'などがあり、花形が異なり、ダマスク系の強香。[返り咲き／花径約8cm]

艶姿
Adesugata

ポール・ネイロン（陽台の夢）
Paul Neyron (Youdainoyume)

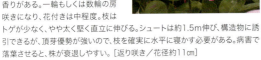

作出年は1869年、作出国はフランス、作出者はAntoine Levert、交配親はVictor Verdier×Anna de Diesbach。シャクヤクのような花形の大きな花で、強いダマスク系の香りがある。一輪もしくは数輪の房咲きになり、花付きは中程度。枝はトゲが少なく、やや太く堅く直立に伸びる。シュートは約1.5m伸び、構造物に誘引できるが、頂芽優勢が強いので、枝を確実に水平に寝かす必要がある。病害で落葉させると、株が衰退しやすい。[返り咲き／花径約11cm]

レーヌ・デ・ヴィオレッテ
Reine des Violettes

作出年は1860年、作出国はフランス、作出者はMillet-Malet、交配親はPope Pius IVの実生。ロゼット咲きで、強いダマスク香がある。一輪もしくは数輪の房咲きになり、花付きがよい。外見が本系統とはやや異なりポートランド系に似ていて、枝は細かなトゲが多く、やや細くしなやか。シュートは直立に約2m伸長し、フェンスやオベリスク、アーチなどに誘引できる。枝が堅く充実しやすく、悪条件に耐えて生き残る。[弱い返り咲き／花径約8cm]

ポートランド系
Portland

起源に諸説あり、はっきりしていない。花色はピンクや紅色を基調に、淡ピンクや白、赤紫、などがある。葉は革質でやや厚く、皺が目立つ。枝は節間が短く、トゲが多い。返り咲き性で、シュラブとしては小型の樹形。香りの強い品種も多い。枝が堅く充実しやすく、耐寒性に優れ、耐病性は中程度であるが、悪条件に耐えて生き残る品種が多い。

ジャック・カルティエ*
Jacques Cartier

作出年は1868年、作出国はフランス、作出者はMoreau-Robert。クォーター・ロゼット咲きで、ボタン・アイが現れる。一輪もしくは数輪の房で開花し、花付きがよい。花保ちはやや悪く、ダマスク系の強香。花枝は細く短く、節間が狭く花首も短い。シュートは直立に約1.2m伸び、冬季に切り詰めてブッシュ状に仕立てるとよい。枝変わりに'ホワイト・ジャック・カルティエ'があり、花色以外の性質は同じ。[返り咲き／花径約6㎝]

ホワイト・ジャック・カルティエ
White Jacques Cartier

＊作出者や本品種そのものについては諸説あるが、本書では一般に市場で'ジャック・カルティエ'として広く流通している個体に関して記載している。

コントゥ・ドゥ・シャンボール
Comte de Chambord

作出年は1860年、作出国はフランス、作出者はMoreau-Robert、交配親はBaronne Prèvost ×Duchess of Portland。大きめのカップ咲きで、強いダマスク香がある。一輪もしくは数輪の房で開花し、花付きがよいが、花保ちはやや悪い。花枝はややしなやかで、開花時に花の重みでたわむことがある。花首も短くで、花は上向きに咲く。シュートは直立に約1.5m伸び、小型の構造物にも誘引が可能。悪条件に耐えて生き残る品種。[返り咲き／花径約8㎝]

ブルボン系
Bourbon

西洋と東洋のオールド・ローズが交配されることによって成立してきたと思われ、返り咲く品種も多い。花色はピンクを基調に、淡ピンクや白、赤紫、絞りなどがある。枝は細めで、葉も皺が少なくモダン・ローズに近い。耐病性は中程度からやや弱いものが多く、品種によっては病害で落葉させると、株が衰退・枯死に至るものがある。

マダム・ピエール・オジェ
Madame Pierre Oger

作出年は1878年、作出国はフランス、作出者はPierre Oger。'ラ・レーヌ・ヴィクトリア'の枝変わり。淡ピンクに開花につれて濃ピンクが覆輪状に現れる。数輪の房で開花し、花付きがよい。ダマスク系の強香。枝は細くしなやかで、トゲが少ない。シュートは直立に約2m伸び、構造物に誘引できる。冬季に短く切り詰めてブッシュ状に仕立てることも可能。耐病性はやや弱く、病害で落葉させると、株が衰退・枯死することがある。親の'ラ・レーヌ・ヴィクトリア'はピンク色で、花色以外の性質は同じ。[弱い返り咲き／花径約6cm]

ラ・レーヌ・ヴィクトリア
La Reine Victoria

ヴァリエガータ・ディ・ボローニャ
Variegata di Bologna

作出年は1909年、作出国はイタリア、作出者はMassimiliano Lodi。淡桃色に赤紫の絞り。数輪の房咲きで、花付きがよい。ダマスク系の強香。シュートは約2m伸び、誘引向き。耐病性はやや弱く、落葉させると株が衰退しやすい。枝変わりに赤紫の'ヴァリエガータ・ディ・ボローニャ・ルージュ'(Variegata di Bologna Rouge)などがあり、花色以外の性質は同じ。[一季咲き／花径約6cm]

ルイーズ・オディエ
Louise Odier

作出年は1851年、作出国はフランス、作出者はMargottin、交配親はÉmile Courtierの実生。整ったロゼット咲きで、数輪の房咲き。花付きがよい。花保ちはやや悪く、ダマスク系の強香。シュートは直立に約2m伸び、トゲが少ない。構造物に誘引することも、冬季に短く切り詰めてブッシュ状に仕立てることも可能。耐病性はやや弱く、病害で落葉させると、株が衰退・枯死することがある。[弱い返り咲き／花径約6cm]

クロンプリンツェシン・ヴィクトリア

Kronprinzessin Viktoria

ルーイソン・ゴワー

Leveson Gower

スヴニール・ドゥ・ラ・マルメゾン（クイーン・オブ・ビューティ・アンド・フレグランス）〈世界図〉

Souvenir de la Malmaison (Queen of Beauty and Fragrance) (Sekainozu)

スヴニール・ドゥ・セント・アンズ

Souvenir de St. Anne's

作出年は1843年、作出国はフランス、作出者はJean Béluze、交配親はMadame Desprez×ティー・ローズ。淡ピンク色のやや不整形なクォーター・ロゼット咲きで、花には強いダマスク系の香りがある。一輪もしくは数輪の房咲きになることが多く、花付きがよい。花弁は繊細で雨で傷むことがあり、時に開かないこともある。花枝はやや細く、トゲが少なく短い。葉はやや浅い緑色。横張り性で、樹高約0.8mのまとまりのよい株に生育する。鉢植えにも適した品種。枝が堅く充実しやすく、樹勢は普通だが、耐病性がやや弱く、定期的な防除を必要とする。特にうどんこ病には弱いので、風通しのよい場所に植栽する必要がある。枝変わりに白色の'クロンプリンツェシン・ヴィクトリア'（ホワイト・マルメゾン（White Malmaison））と濃ピンクの'ルーイソン・ゴワー'（マルメゾン・ルージュ（Malmaison Rouge））、花弁数が減少して半八重咲きになった'スヴニール・ドゥ・セント・アンズ'があり、いずれも基本的な性質は本品種と同じ。'スヴニール・ドゥ・セント・アンズ'は花弁数が少ない分だけ、素直に開きやすい。つる性の枝変わりに'つる スヴニール・ドゥ・ラ・マルメゾン'（Souvenir de la Malmaison, Climbing）もあり、樹勢が強く、返り咲き。イングリッシュ・ローズが身近になった現在では、本品種は以前ほど価値の高い存在とは言えないが、1988年には世界バラ会連合選出の「オールド・ローズの栄誉の殿堂入りのバラ」になった。［四季咲き／花径約9cm］

小輪のランブラー

伸長力があり、自由気ままに枝を伸ばすつるバラをランブラーと呼ぶ。ここでは野生種とその交配種の中から、ナチュラルな雰囲気の小輪のランブラーを選んだ。いずれも樹勢が強く育てやすく、パーゴラや壁面などの大型の構造物に向く。なお、華やかな印象の中輪系のランブラーはP.012やP.022-023、P.026で紹介している。

サンダーズ・ホワイト・ランブラー
Sander's White Rambler

作出年は1912年、作出国はイギリス、作出者はSander。純白の小花が大房で開花し、花付きがとてもよい。遅咲き。スパイス系の中香。秋には多数のローズ・ヒップがなる。花枝は短く、花の重みで下垂する。シュートは地を這うように約4m伸長し、しなやかで誘引しやすい。耐病性に優れる。'ランブリング・レクター'（Rambling Rector）と花が似るが、本品種のほうが枝ぶりはしなやかで繊細な雰囲気。[HWich／一季咲き／花径約3cm]

ポールズ・ヒマラヤン・ムスク
Paul's Himalayan Musk

作出年は1916年、作出国はイギリス、作出者はGeorge Paul＊、交配親はRosa brunonii×Rosa brunoniiの交配種。淡ピンクの花が大房で開花し、花付きがとてもよい。やや遅咲き。スパイス系の中香。秋にはローズ・ヒップがなる。花枝は短く、開花時にはややたわむ。シュートは斜上に4mほど伸び、しなやかで誘引しやすい。開花前に少し落蕾がある。カギ状の鋭いトゲがあり、自然に立木に登ることもある。耐病性は中程度。[HMsk／一季咲き／花径約3cm]

＊作出者データには諸説ある。

マニントン・マウブ・ランブラー
Mannington Mauve Rambler

イギリスの「マニントン・ホール」で発見された来歴不明のバラ。大房で開花し花付きがとてもよい。花保ちがよく、やや遅咲き。スパイス系の中香。秋にはローズ・ヒップがなる。花枝は短くしなやかで、'ブルー・マジェンタ'（P.073）など他の紫系のランブラーとは性質が異なる。シュートは約4m伸び、しなやかで誘引しやすい。耐病性に優れる。[Misc.OGR／一季咲き／花径約3cm]

ロサ・ムリガニー
Rosa mulliganii

中国西部原産の野生種。大房で開花し、花付きがとてもよい。遅咲き。スパイス系の中香。秋には多数のローズ・ヒップがなる。シュートは地を這うように約5m伸長し、しなやかで誘引しやすい。自然に立ち木に登ることもある。耐病性に優れる。複数の個体が流通しているが、最も多いのは花弁がハート形をした個体。[Sp／一季咲き／花径約3cm]

伸
Shin (ZENtufather)

作出年は2009年、作出国は日本、作出者は河合伸志、交配親はSuper Dorothy×安曇野。濃赤色に中心に白目が入る一重咲き。涼しい地域では黒赤色になる。大房で開花し、花付きがとてもよい。花保ちもとてもよく、遅咲き。春以降も時々返り咲く。微香。花枝は短く、花の重みで下垂する。シュートは地を這うように約4m伸長し、トゲが少なく、しなやかで誘引しやすい。耐病性に優れる。[HWich／返り咲き／花径約3cm]

ドロシー・パーキンス

Dorothy Perkins

作出年は1901年、作出国はアメリカ、作出者はMiller、交配親はテリハノイバラ（*Rosa luciae*）×Madame Gabriel Luizet。ポンポン咲きの花が、大房で開花し、花付きがとてもよい。花保ちがとてもよく、遅咲き。微香。花枝は短く、花の重みで下垂する。シュートは這うように約5m伸長し、しなやかで誘引しやすい。黒星病耐性は優れるが、うどんこ病に弱い。多肥に注意し、風通しを確保するとよい。枝変わりに白色の'ホワイト・ドロシー・パーキンス'と紅色の'エクセルサ'（レッド・ドロシー・パーキンス（Red Dorothy Perkins））があり、花色以外の性質は同じ。[**HWich**／一季咲き／花径約3㎝]

ブルー・マジャンタ

Blue Magenta

作出年は1900年＊、作出国はベルギー、作出者はVan Houtte、交配親はTurner's Crimson Rambler×不明種。大房で開花し、花付きがとてもよい。やや遅咲き。スパイス系の中香。花枝は短く堅い。シュートは直立に約3m伸び、やや太く堅めだが誘引しやすい。ハダニに注意をし、耐病性がやや弱い。枝が堅く充実しやすいので生き残りやすい。同色系の'ヴィオレットゥ'は本品種より赤みのある色で、黄金の花芯が目立つ。'ブルー・ランブラー'は、本品種よりやや灰色がかった色合いで、枝がしなやか。いずれもその他の生育特性はほぼ同じ。[**HMult**／一季咲き／花径約3㎝]

エクセルサ
Excelsa

ホワイト・ドロシー・パーキンス
White Dorothy Perkins

ヴィオレットゥ
Violette

ブルー・ランブラー
Blue Rambler

＊作出年データには諸説あり。

Column

バラの育種の歴史
オールド・ローズから近年の日本のバラ

オフィーリア

ヘンリー・フォンダ

クイーン・バガテル

ブルー・ムーン

イングリッド・バーグマン

今日私たちは実に多彩且つ多様なバラを目にすることができるが、その多くはここ150年程で誕生してきた品種達である。いずれも単純に次々と誕生したわけではなく、様々な潮流の中、紆余曲折を経て現在に至っている。以下、バラの育種がどのような道筋を辿っていったのかを簡単に解説する。

オールド・ローズからモダン・ローズへ

人工交配が始まってからもしばらくの間は、オールド・ローズ*1のハイブリッド・パーペチュアル系（P.068）やティー系（P.066）が主流を占めていたが、時代と共に四季咲き大輪系に移行していった。この初期の頃の銘花の一つが、'オフィーリア'（P.105）だ。この頃の品種のほとんどは、ピンクや紅色、白などで、次項の黄色が登場することによって、バラは飛躍的な発展を遂げることとなった。

黄色のバラの誕生と花色の多彩化

フランスの育種家ジョゼフ・ペルネ-デュシェ氏は、1800年代末期より黄色品種の育種に取り組み、1900年に初めての黄色系品種 'ソレイユ・ドール'（Soleil d'Or）を作出した。この品種は黄色というよりはオレンジ色で、しかも四季咲き大輪のバラではなかったため、その後も改良は続き、1920年に初の四季咲き大輪系の黄色の品種 'スヴニール・ドゥ・クロージュ・ペルネ'（Souvenir de Claudius Pernet）が誕生した。歴史的な品種ではあるが、残念なことに日本のような温暖な地域では、ぼやけた色合いで、また耐病性の点でも多くの問題を残していた。黄色のバラの追求は後の育種家達に引き継がれ、現在では色彩の点では 'ヘンリー・フォンダ'（P.029）のように眩い黄色の品種にまで至っている。

黄色のバラの誕生は、同時にバラの色彩に大きな革命を起こした。'クイーン・バガテル'（P.119）のような美しいオレンジ色はもちろんのこと、'ブルー・ムーン'（P.094）のようなブルー・ローズや 'ジュリア'（P.119）のような茶色のバラも黄色の色素が関与することによって誕生した。ピンクや赤のバラでも黄色によって大きな変革が起き、'ジャルダン・ドゥ・フランス'（P.081）や 'イングリッド・バーグマン'（P.010）のように蛍光を放つような美しい色彩が誕生した。

こうやってバラは類まれなる多彩な園芸植物になっていった。

'ピース'の登場と四季咲き大輪系の繁栄

1945年に世界を驚かせた 'ピース'（P.013）が登場した。この花は当時の基準ではとても大きく立派な花であり、しかも性質が強く育てやすいものであったため、瞬く間に世界中に広がり、さらには多くの子孫が誕生した。20世紀は四季咲き大輪バラの時代と言われるが、'ピース' はまさにその全盛期を生み出し、名実ともに20世紀を代表するバラとなった。

この四季咲き大輪系の繁栄は、1990年代後半まで続いた。

クラシック調のバラの登場

1961年に最初のイングリッシュ・ローズ*2 'コンスタンス・スプライ'（P.015）が誕生した。しかし、四季咲き大輪系で、しかも整形咲きのバラが全盛を誇っていた時代に、このバラは世の中から受け入れられず、作出者のデビッド・オースチン氏は不遇の時代を過ごす。やがて1980年代に 'グラハム・トーマス'（P.098）と 'メアリー・ローズ'（P.042）が登場すると人気に火が付き、世の中の好まれる花は一気にクラシック・スタイルへ傾き、そして1990年代以降に登場する多くの品種は、このスタイルを踏襲していった。同時に花形だけでなく、イングリッシュ・ローズの先祖であるオールド・ローズの半つる性の性質も引き継ぎ、下記の強健なバラと共に、21世紀をシュラブ（半つる性）の時代へと導いていった。

強健なバラを目指した育種

欧米では緑地帯などに多数のバラを植栽するため、ロー・メンテナンスなバラの需要が高く、そのため四季咲き大輪系のバラとは別に、丈夫なバラの育種も1970年中盤頃から本格的に始まった。初期の品種は一季咲きで半つる性だったが、やがて完全な四季咲き性を獲得し、さらには結実せずに連続的に開花するものへと進化していった。2000年に登場した 'ソ

ピース　　コンスタン・スプライ　　グラハム・トーマス　　ブラック・ティー　　ガブリエル

ック・アウト'（P.017）は、四季咲き性の木立ち性で、より高い耐病性を獲得した画期的な品種であった。これ以降は、徐々に四季咲き中輪や大輪のバラにもより耐病性が求められるようになり、今では世界的な視点では耐病性は新品種の前提条件となっている。

日本での育種とその展望

　日本での本格的な育種は、1950年代後半より始まった（それ以前もアマチュアによる育種はある）。その多くは、プロの育種家達によってなされ、'天津乙女'（P.076）や'新雪'（P.015）、'ブラック・ティー'（P.103）などはその頃に誕生した銘花である。同時期には、アマチュア育種でも優れた品種が作出され、'のぞみ'（P.045）や'たそがれ'（Tasogare）などがそれにあたる。1990年代以降は、バラの人気の高まりと共により多くの人が新品種を作出し、'チャーリー・ブラウン'（P.079）や'ガブリエル'（P.111）など、個性豊かな品種も数多く登場している。しかし、そのほとんどは「樹勢や耐病性が劣る」という課題があった。

　もともと日本の庭は狭く、そのためバラを景観として捉えるというよりは、花そのものを近景で観賞しがちなことや、高い栽培技術があり、弱い品種でもそれなりに栽培できてしまうこと。さらには、繊細な感性を持つ日本人は、育種においても細かな部分へのこだわりが出てしまいがちで、結果として花そのものは完成度が高く洗練されているが、耐病性などが欠落したものが多く、そのことは国産品種が海外で受け入れられない最大の理由となっている。

　しかし、それらのことに気付き、育種の方向性を変えてきた人達もいる。木村卓功氏の'シャリマー'（Shalimar）（左写真）は、日本的な美しさに強い樹勢や耐病性が伴い、さらには香りもある期待の新品種だ。また趣味家として育種に取り組む入谷伸一郎氏の実生（上写真）は、個性に耐病性を併せ持っている。日本のバラが世界に認められる日は、さほど遠いことではないのかもしれない。

*1　古い時代に栽培されていた系統のバラ。人工交配で作られたのではなく、自然交配によって成立している。

*2　英国の育種家デビッド・オースチン氏によって作出された一連のクラシック・スタイルのバラ。オールド・ローズの花形や香りと、モダン・ローズの多彩さや四季咲き性を併せ持つバラを目標にしている。

CHAPTER
《 4 》

鉢でも楽しめるバラ

庭がないとバラは栽培できないと思われがちですが、
バラの中には株が小ぶりにまとまるものもあり、
それらは鉢植えで十分に育てられます。
ここでは、ベランダ園芸や
スモール・ガーデンにも向く品種をご紹介します。

Page. 076 → 091

天津乙女

Amatsuotome

【作出年】1960年 【作出国】日本
【作出者】寺西菊雄
【交配親】Chrysler Imperial×Doreen

淡めの黄色に、オレンジのぼかし状の覆輪や、花弁の所々にモザイク状に紅色が不規則に表れる。秋の花は黄色が濃くなり、全般に冷涼な気候ほど美しい花になる。整った半剣弁から剣弁高芯咲きで、一輪もしくは数輪の房で開花し、花付きがとてもよい。早咲き。花保ちは中程度だが、花弁の展開速度は速い。花弁は雨でも傷みにくい。花には甘酸っぱい印象のティー系の中程度の香りがある。春以降もよく開花し、夏も秋も比較的花数が多い。枝枝は堅く短く、半横張り性の樹高約1mの株に生育する。分枝がよく、まとまりのよい株に生育し、鉢植えに最適な品種。悪条件に耐えるが、樹勢は中程度で、耐病性も中程度で、一定の防除をすることで順調に生育する。作出当時の黄色系の品種は、枝がしまらず耐寒性に劣るものが多かったが、本品種は枝が堅く充実しやすく、耐寒性に優れていたため、日本の品種としては珍しく欧米でも広く普及した。枝変わりに'つる 天津乙女'があるが、(Amatsuotome, Climbing) ブッシュに戻りやすいこともあり、近年はほとんど流通していない。

HT／四季咲き／花径約13cm

アンバー・クイーン

Amber Queen (HARroony)

【作出年】1984年　【作出国】イギリス
【作出者】Jack Harkness
【交配親】Southampton×Typhoon

やや銅色を帯びた渋いオレンジ色の丸弁から波状弁の平咲き。数輪の房で開花し、花付きがとてもよい。花保ちはやや悪いが、強いフルーティーな香りがある。花弁は堅く、雨でも傷みにくい。花枝は細めで鋭いトゲがあり、堅く短め。すらりとした直立性の樹高約1mの株に生育し、狭い場所でも栽培しやすい。株のまとまりもよく、鉢植えに適している。耐暑性がやや弱く、猛暑が続くと下葉が黄変・落葉することがある。枝が堅く充実しやすく耐寒性に優れ、樹勢は中程度だが、耐病性があり、減農薬栽培でも株は耐えて生き残る。その優れた性質から多くの品種の交配親となっている。

F／四季咲き／花径約10cm

テディ・ベアー（ローズ・テディ・ベアー）

Teddy Bear (Rose Teddy Bear) (SAVabear)

【作出年】1989年　【作出国】アメリカ
【作出者】F. Harmon Saville
【交配親】Sachet×Rainbow's End

茶色の半剣弁から丸弁の平咲きで、開花後に退色し、全体に赤みがさす。花は数輪から大きめの房で開花し、花付きがとてもよい。花保ちがとてもよく、花弁は雨でも傷みにくい。微香。花枝は細く堅く短く、茎葉は赤みを帯びる。半横張りの樹高約0.5mの株に生育し、株のまとまりもよく、鉢植えに最適な品種。黒星病などで落葉させると、枝が充実せずに枯れ込むことがある。樹勢は中程度で、耐病性も中程度で、一定の防除をすることで順調に生育する。枝変わりに黄土色の'ゴールデン・ベアー'（Golden Bear）があり、花色以外の性質はほぼ同等。またつる性の'つる テディ・ベアー'（Teddy Bear, Climbing）もあり、ブッシュに戻りやすく四季〜返り咲き。シュートは細いが約2m伸長し、小型のフェンスやオベリスク、アーチなどに向く。

Min／四季咲き／花径約4cm

チャーリー・ブラウン

Charlie Brown (ZENmicharlibro)

【作出年】1996年 【作出国】日本
【作出者】河合伸志
【交配親】(Angel Face×Brandy)×Teddy Bear

茶色の丸弁から波状弁の半八重咲きで、開花後にやや淡くなる。花は数輪から大きめの房で開花し、花付きがとてもよい。極早生品種で、モッコウバラに続いて開花が始まる。開花サイクルがとても短く、夏も秋も繰り返し開花し、秋の花数も多い。花保ちがとてもよく、花弁は雨でも傷みにくい。ミニチュア系では希少な芳香性品種で、スパイス系の中程度の香りがある。花枝は細く短くしなやかで、茎葉は赤みを帯びる。半横張りの樹高約0.5mのこんもりとした株に生育し、株のまとまりがよく、鉢植えに最適な品種。樹勢は中程度で、耐病性も中程度で、一定の防除をすることで順調に生育する。枝変わりに黄土色の'チャーリー・アンバー'があり、花色以外の性質はほぼ同等。

Min／四季咲き／花径約5cm

チャーリー・アンバー
Charlie Amber (ZENmicharliam)

ゴールド・バニー

Gold Bunny (MEIgronuri)

【作出年】1979年 【作出国】フランス
【作出者】Francesco G. Paolino 【交配親】Rusticana×(Charleston×Allgold)

黄色の丸弁から波状弁の平咲きで、数輪の房で開花し、花付きがとてもよい。花保ちがとてもよく、雨にも強く最後まで花弁が傷みにくく、退色も少ない。ティー系の微香で、早咲き。花枝はややトゲが少なく堅く、節間が短め。株は分枝がよく、半横張り性で樹高約1m。株のまとまりがよく、鉢植えには最適な品種。黄色系の品種としては枝が堅く充実しやすく、悪条件でも耐えて生き残りやすい。年数の経過と共に株元からのシュートが出にくくなり、幹は木質化し、ゴツゴツとした姿になるが、古枝によく花を咲かせる。樹勢は中程度で、耐病性も中程度で、一定の防除をすることで順調に生育する。枝変わりに'つる ゴールド・バニー'がある（P.029）。黄色系の代表品種の一つで、交配親としても活躍している。

F／四季咲き／花径約7cm

ブラス・バンド

Brass Band (JACcofl)

【作出年】1994年　【作出国】アメリカ
【作出者】Jack E. Christensen
【交配親】Gold Bunny×(実生×Holy Toledo)

鮮やかなオレンジ色に花弁裏は黄色を帯び、開花後にやや退色する。秋は春ほど鮮明な色合いにならない。丸弁から波状弁の平咲きで、数輪から大きめの房で開花し、花付きがとてもよい。微香。春以降も開花するが、秋は春よりも花数が少ない。花保ちがとてもよく、花弁は雨にも強く最後まで花弁が傷みにくい。花枝はややトゲが少なく堅く、節間が短め。株は分枝がよく、半横張り性で樹高約1m。株のまとまりがよく、鉢植えには最適な品種。年数の経過と共に株元からのシュートが出にくくなるが、古枝によく花を咲かせる。樹勢は中程度。耐病性も中程度なので、一定の防除をすることで順調に生育する。枝変わりに濃黄色の'イエロー・ブラス・バンド'があり、花色以外の性質は概ね同等。

F／四季咲き／花径約8㎝

イエロー・ブラス・バンド
Yellow Brass Band

ジャルダン・ドゥ・フランス

Jardins de France (MEIzebul)

【作出年】2001年 【作出国】フランス
【作出者】Michèle Meilland Richardier
【交配親】Celine Delbard×Laura

蛍光を放つ鮮やかなサーモン・ピンクで、強く人目を引く。やや抱えるような丸弁平咲き。数輪から大きめの房で開花し、花付きがとてもよく、満開時は株を覆うように咲く。微香。春以降も開花するが、秋は春よりも花数が少ない。花保ちがとてもよく、花弁は堅く雨にも強く、散り際まで傷みにくいうえ退色も少ない。遅咲きのため、開花サイクルがやや長い。花枝は堅くやや長く、トゲが少なめ。直立性の樹高約1.2mの株に生育する。分枝がよく、株のまとまりもよく、鉢植えには最適な品種。年数の経過と共に株元からのシュートが出にくくなるが、古枝によく花を咲かせる。樹勢は中程度で、耐病性も中程度で、一定の防除をすることで順調に生育する。

F／四季咲き／花径約7㎝

桜貝

Sakuragai (KEIfupida)

【作出年】1996年 【作出国】日本
【作出者】平林浩
【交配親】実生×実生

ペール・ピンクの半剣弁高芯咲き。数輪の房で開花し、花付きがとてもよい。微香。春以降も繰り返しよく開花し、開花サイクルが短く、夏も秋も花付きがよい。開花後にやや退色するが、花保ちがとてもよく、花弁は堅く雨にも強く最後まで傷みにくい。開花時に大雨に打たれると、花の重みで枝が倒伏することがある。花枝はトゲが少なく、堅く中程度の長さ。半直立性の樹高約1.2mの株に生育する。枝ぶりはやや粗いが、株のまとまりがよく、鉢植えには最適な品種。枝が堅く充実しやすく、悪条件に耐える。年数の経過と共に株元からのシュートが出にくくなるが、古枝によく花を咲かせる。樹勢は中程度で耐病性も中程度なので、一定の防除をすることで順調に生育する。

F／四季咲き／花径約8㎝

セレッソ

Seresso

【作出年】1998年
【作出国】日本
【作出者】阪上晃一

淡桃色のセミダブル咲きで、大きめの房で開花し、花付きがとてもよい。微香。開花後にやや退色するが、花保ちがとてもよく、花弁は堅く雨にも強く、最後まで傷みにくい。満開時は株が花で覆われる。春以降も繰り返しよく開花し、開花サイクルが短く、夏も秋も花付きがよい。花枝はやや長く細く堅い。すらりと伸長し、直立性の樹高約1mの株に生育し、狭い場所でも栽培しやすい。分枝も比較的よく、株のまとまりもよく、鉢植えに適している。枝が堅く充実しやすく、悪条件に耐える。樹勢は中程度で、耐病性も中程度なので、一定の防除をすることで順調に生育する。品種名はサッカー・クラブの「セレッソ大阪」にちなみ、セレッソはスペイン語でサクラを意味する。

F／四季咲き／花径約6㎝

コティヨン（パヒューム・パーフェクション）

Cotillion (Perfume Perfection) (JACshok)

【作出年】1999年　【作出国】アメリカ
【作出者】Keith W. Zary　【交配親】(Sweet Chariot×Herbie)×Shocking Blue

ライラック色の波状弁から丸弁の平咲きで、肥培状況で花形が変わり、ロゼット咲きになることもある。花保ちは中程度だが、花弁の展開速度は速く、開ききった姿も美しい。ブルー系の強香。春以降も繰り返しよく開花し、夏も秋も花付きがよい。花枝はやや細くしなやかで、中程度の長さ。分枝がよく、株のまとまりがよく、鉢植えには最適な品種。年数の経過と共に株元からのシュートが出にくくなるが、古枝によく花を咲かせる。黒星病で落葉させると枝が充実しにくく、枝が枯れ込みやすい。樹勢は中程度で、耐病性も中程度なので、一定の防除をすることで順調に生育する。本品種を母親に誕生した'エンチャンテッド・イヴニング'は、生育特性がよく似ており、より青みのある魅力的な色彩で、同様にブルー系の強香がある。

F／四季咲き／花径約7㎝

エンチャンテッド・イヴニング
Enchanted Evening (JACperby)

まさに「魅惑の夕べ」といった雰囲気。父親の'ブルー・バユー'（P.031）より青みのある色彩を受け継ぐ。

ラブ

Love (JACtwin)

つる ラブ
Love, Climbing

【作出年】1980年　【作出国】アメリカ
【作出者】William A. Warriner
【交配親】実生×Redgold

カーマイン・レッドに花弁裏が白のキリリとした剣弁高芯咲きで、花色のコントラストが美しい。一輪もしくは数輪の房で開花し、花付きがとてもよい。春以降も繰り返しよく開花し、夏も秋も花付きがよい。微香。花保ちは中程度だが、花弁の展開速度は速い。花弁は雨にも強く最後まで花弁が傷みにくい。花枝はやや細く、堅くまっすぐ伸びる。半直立性の樹高約1.1mの株に生育し、枝数が多い密生した株になる。まとまりがよく、鉢植えには最適な品種。樹勢は中程度で、耐病性も中程度なので、一定の防除をすることで順調に生育する。枝変わりに'つる ラブ'があり、樹勢が強く、花付きがとてもよい。弱い返り咲きで、フェンスやオベリスクなどに向く。

Gr／四季咲き／花径約9cm

うらら（ローズうらら）

Urara (Roseurara) (KEIfupira)

つる うらら（つる ローズうらら）
Urara, Climbing
(Roseurara, Climbing) (KEItuurapii)

【作出年】1993年　【作出国】日本
【作出者】平林浩
【交配親】Mimi Rose×Minuette

蛍光を放つ濃いローズ色で、人目を強く引く。丸弁平咲きの花は、数輪の房咲きで、花付きがとてもよい。開花後やや退色するが、花保ちがとてもよく、花弁は堅く雨にも強いうえ、最後まで傷みにくい。春以降も繰り返しよく開花し、開花サイクルが短く、夏も秋も花付きがよい。微香。花枝はやや細く、堅く短い。横張りの樹高約1mの株に生育する。分枝がよく、密生したまとまりのよい株になるが、太いシュートが発生しにくい。鉢植えに最適な品種。枝が堅く充実しやすく、悪条件に耐える。年数の経過と共に株元からのシュートが出にくくなるが、古枝にもよく花を咲かせる。樹勢は中程度で、耐病性も中程度なので、一定の防除をすることで順調に生育する。枝変わりに'つる うらら'があり、樹勢が強く、花付きがとてもよい。返り咲きで、フェンスやオベリスク、アーチなど用途が広い。

F／四季咲き／花径約8cm

ブライダル・ピンク

Bridal Pink (JACbri)

【作出年】1967年　【作出国】アメリカ
【作出者】Eugene S. Boerner
【交配親】Summertimeの実生×Spartanの実生

切り花品種としても一時代を築いた品種。サーモン・ピンクの整った剣弁高芯咲き。数輪の房咲きで、花付きがとてもよい。開花後やや退色するが、花保ちがよく、花弁は比較的雨でも傷みにくい。中程度のティー・ローズ香。春以降もよく咲き、秋の花数も多い。花枝はやや細く、堅く短め。分枝がよく密生した株立ちで、樹高約1mのまとまりのよい株に生育する。樹勢は中程度で、耐病性も中程度なので、一定の防除をすることで順調に生育する。枝変わりに白色の'しろたえ'（Shirotae）と'ブライダル・ホワイト'、極淡桃色の'ジューン・ブライド'、ローズ色の'ブライダル・レディ'（Bridal Lady）、ローズ色に白の不規則な絞りが入る'マーガレット・サッチャー'（Margaret Thatcher）（TAKsun）などがある。いずれも花色以外の性質はほぼ同等。

F／四季咲き／花径約7cm

ジューン・ブライド
June Bride (ZENfujune)

ブライダル・ホワイト
Bridal White (JACwhy)

チャールズ・レニー・マッキントッシュ

Charles Rennie Mackintosh (AUSren)

【作出年】1988年　【作出国】イギリス
【作出者】David C. H. Austin
【交配親】(Chaucer×Conrad Ferdinand Meyer)×Mary Rose

ライラック色の深いカップ咲きで、秋は球状に近いくらいの抱え咲きになる。時に数輪に房になるが、開花は主に一輪咲きで、細い枝まで花を咲かせ、花付きがとてもよい。花保ちはやや悪いが、中程度のアニスの香りがあり、香りは好き嫌いが分かれる。花弁は比較的雨でも傷みにくい。花枝は細くしなやかで適度に広がり、短い。葉は浅緑色で、姿全体が繊細で日本人に好まれる。分枝がよく密生した株立ちで、樹高約0.8mのまとまりのよい株に生育し、鉢植えには最適。枝葉が密生する分だけ、一度、黒星病が発生すると広がりやすい。また黒星病で落葉させると枝が充実しにくく、枯れ込みやすい。樹勢は中程度で、耐病性も中程度なので、一定の防除をすることで順調に生育する。

S／四季咲き／花径約7cm

グルス・アン・アーヘン

Grus an Aachen

【作出年】1909年　【作出国】ドイツ
【作出者】L. Wilhelm Hinner
【交配親】Frau Karl Druschki×Franz Deegen

白に近い極淡い桃色のロゼット咲き。数輪の房咲きで、花付きがとてもよい。花保ちはやや悪いが、中程度のティー系の香りがある。花弁は繊細で、強い雨に打たれると傷むことがある。花枝はトゲが少なめで、節間が狭く堅く短い。分枝がよく、樹高約1mのまとまりのよい株に生育し、鉢植えには最適。枝が堅く充実しやすく、悪条件に耐える。年数の経過と共に株元からのシュートが出にくくなるが、古枝にもよく花を咲かせる。樹勢は中程度で、耐病性も中程度なので、一定の防除をすることで順調に生育する。枝変わりにクリーム色の'ホワイト・グルス・アン・アーヘン'とピンク色の'ピンク・グルス・アン・アーヘン'があり、花色以外の性質は同等。またつる性の'つる グルス・アン・アーヘン'（Grus an Aachen, Climbing）もあり、一季咲き。フェンスやオベリスクなどに向く。

ホワイト・グルス・アン・アーヘン
White Gruss an Aachen

ピンク・グルス・アン・アーヘン
Pink Gruss an Aachen

F／四季咲き／花径約8cm

マザーズデイ

Mothersday

【作出年】1949年　【作出国】オランダ
【作出者】Grootendorst
【交配親】Dick Kosterの枝変わり

赤色のコロコロとした印象の抱え咲き。小さな花が数輪から大房で開花し、花付きがとてもよく、満開時は株が花で覆われる。花保ちがとてもよく、花は雨でも傷みにくい。微香。春以降も夏も秋もよく咲く。花枝は細く堅く短く、トゲが少ない。古枝は樹皮が灰白色に変化するが、生育上特に問題ない。半横張り性の樹高約0.5mの株に生育し、分枝がよくまとまりがよく、鉢植えに最適。年数が経過してもシュートが発生しやすい。枝が堅く充実しやすく、悪条件に耐えて生き残る。樹勢は中程度で、耐病性も中程度で、一定の防除をすることで順調に生育する。枝変わりが発生しやすく、本項で紹介する9品種などがある。いずれも花色以外の特性はほぼ同等である。なお、本品種のつる性タイプは、P.146で紹介している。

Pol／四季咲き／花径約3cm

マルゴズ・シスター
Margo's Sister

シュネープリンセス
Sneprincesse

ホワイト・コスター
White Koster

ピンク・マザーズデイ
Pink Mothersday

ファザーズ・デイ
Father's Day

オレンジ・マザーズデイ
Orange Mothersday

ラディッシュ
Radish

エクレール
Eclaire

オリーブ
Olive

エンジェル・フェイス

Angel Face

【作出年】1968年　【作出国】アメリカ
【作出者】Herbert C. Swim & O.L.Weeks
【交配親】(Circus×Lavender Pinocciho)× Sterling Silver

赤みのあるラヴェンダー色の波状弁咲きで、数輪の房咲きで、花付きがとてもよい。ブルー系の強香があり、花保ちはやや悪い。花弁は堅く雨にも強く最後まで傷みにくい。早咲き。春以降も繰り返しよく開花し、開花サイクルが短く、夏も秋も花付きがよい。花枝はやや太く堅く、節数が少なく短い。横張りの樹高約1mの株に生育し、まとまりがよく鉢植えには最適。高温期に下葉が黄変・落葉することがある。枝が堅く充実しやすい。樹勢は中程度で、耐病性も中程度で、一定の防除をすることで順調に生育する。枝変わりに赤みがないラヴェンダー色の'エンジェル・スマイル'があり、花色以外の性質はほぼ同等。'つる エンジェル・フェイス'もあるが、つる性の性質がとても不安定で、ブッシュ・ローズに戻りやすい。多花性で、四季〜返り咲き性。フェンスやオベリスクなどに向く。

F／四季咲き／花径約10cm

エンジェル・スマイル
Angel Smile (ZENfuangel)

つる エンジェル・フェイス
Angel Face, Climbing

ジュビレ・デュ・プランス・ドゥ・モナコ

Jubilé du Prince de Monaco (MEIspong)

【作出年】2000年 【作出国】フランス
【作出者】Alain Meilland
【交配親】City of Adelaid×(Tamango×Matangi)

クリーム色から赤色へ変化し、冴えた赤と白のコントラストは強いインパクトがある。開花の中間段階では、くっきりとした覆輪状に色付き美しい。秋バラはコントラストが柔らかくなる。ややカップ状の丸弁高芯咲きで、数輪の房咲きで、花付きがとてもよい。花保ちがよく、花弁は堅く雨にも強く最後まで傷みにくい。春以降も繰り返しよく開花するが、秋はやや房咲きになりにくい。花枝は中程度の太さで、堅くやや短い。半横張りの樹高約1mの株に生育し、まとまりがよく、鉢植えに最適。樹勢はやや強く、耐病性もやや強いが、順調に生育させるには一定の防除が必要。故レーニエ三世大公の即位50周年記念で命名された。枝変わりに'つる ジュビレ・デュ・プランス・ドゥ・モナコ'（Jubilé du Prince de Monaco , Climbing）があり、樹勢が強く、一季咲き。フェンスやオベリスクなどに向く。

F／四季咲き／花径約8cm

マチルダ

Matilda (MEIbeausai)

【作出年】1988年 【作出国】フランス
【作出者】Alain Meilland
【交配親】Coppelia'76×Nirvana

白色にぼかした覆輪状にピンク色が入る。開花後にピンク色は退色するが、花保ちがとてもよく、花弁は雨にも強く最後まで傷みにくい。軽く波を打った丸弁平咲きで、数輪から大きめの房で開花し、花付きがとてもよい。満開時は花で株が覆われ、とても見事。春以降も繰り返しよく咲くが、秋は一輪もしくは数輪の房で開花することが多く、春よりも花数が少ない。花枝は中程度の太さで、がっしりとした印象で堅く短い。半横張りの樹高約1mの株に生育し、まとまりがよく、鉢植えに最適。枝が堅く充実しやすく、悪条件に耐え、耐暑性も耐寒性もある。樹勢は中程度で、耐病性も中程度なので、一定の防除をすることで順調に生育する。

F／四季咲き／花径約7cm

スカボロー・フェア

Scarborough Fair (AUSoran)

【作出年】2003年
【作出国】イギリス
【作出者】David C. H. Austin

淡ピンクの抱えるような半八重咲きで、黄色の花芯をのぞかせる。数輪から大きめの房で開花し、花付きがとてもよい。花保ちはやや悪いが、中程度のスパイス香がある。花弁は比較的雨でも傷みにくい。春以降も連続的に開花し、開花サイクルが短く、夏も秋も花付きがよい。結実するので、花がら切りは必須。花枝は細くしなやかで適度に広がり、短い。株姿全体がふわりとした印象で、日本人に好まれる。分枝がとてもよく密生した株立ちで、樹高約1mのまとまりのよい株に生育し、鉢植えには最適。悪条件に耐え、細枝ではあるが枯れ込みにくい。樹勢は中程度で、耐病性はやや強いが、一定の防除をすることで順調に生育する。品種名は著名なイギリスの民謡。

S／四季咲き／花径約6㎝

グリーン・アイス

Green Ice

【作出年】1971年　【作出国】アメリカ
【作出者】Ralph S. Moore
【交配親】(テリハノイバラ (*Rosa luciae*)×Floradora)×Jet Trail

極淡い桃色で、開花後に白色になり、花保ちがとてもよく、最終的には淡緑色になる。雨が当たりにくい日照が弱い環境では、美しい緑色に発色することもある。ロゼット咲きの花は数輪から大房で開花し、花付きがとてもよい。花弁は比較的雨でも傷みにくい。微香。花は散らず褐変するので、見苦しくなった時点で切り取る。遅咲き。春以降も連続的に開花する。花枝は強く横に伸び、細めでやや堅い。株は初期には匍匐するように伸び、年数の経過と共に樹高約0.5mのドーム状の姿になる。匍匐性に近い樹形のため、ハンギング・バスケットやスタンド鉢に使用されることもある。株のまとまりはよく、鉢植えには最適。樹勢は中程度で、うどんこ病耐性はやや弱いものの、黒星病耐性は強く、減農薬栽培も可能。

Min／四季咲き／花径約3㎝

グラミス・キャッスル

Glamis Castle (AUSlevel)

【作出年】1992年 【作出国】イギリス
【作出者】David C. H. Austin
【交配親】Graham Thomas×Mary Rose

クリームがかった白色のカップ咲きで、数輪の房で開花し、細い枝まで花を咲かせ、花付きがとてもよい。花保ちはやや悪いが、中程度のアニスの香りがあり、香りは好き嫌いが分かれる。春以降も繰り返し開花し、夏も秋も花数が多い。花弁は比較的雨でも傷みにくい。花枝は細くトゲが多く、直立に伸び短い。株は樹高約0.8mの直立性で、細い枝が多数立ち上がって密生する。まとまりのよい株に生育し、鉢植えには最適。枝葉が密生する分だけ一度黒星病が発生すると広がりやすい。枝が堅く充実しやすく、悪条件に耐え、細枝ではあるが枯れ込みにくい。樹勢は中程度で、耐病性も中程度で、強剪定を避けて一定の防除をすることで順調に生育する。

S／四季咲き／花径約7㎝

フレンチ・レース

French Lace (JAClace)

【作出年】1980年 【作出国】アメリカ
【作出者】William A. Warriner
【交配親】Dr. A. J. Verhage×Bridal Pink

アイヴォリー色の波状弁の平咲きで、数輪の房で開花し、花付きがとてもよい。ティー系の中香。開花後にやや退色するが、花保ちがよく、花弁は雨にも強く最後まで傷みにくい。花枝はやや細く大きめのトゲがあり、短めで堅く、分枝がよい。株は半直立性の樹高約1mで、まとまりがよく、鉢植えに適する。高温期に下葉が黄変・落葉することがある。枝が堅く充実しやすく、樹勢は中程度で、耐病性も中程度なので、一定の防除をすることで順調に生育する。枝変わりにペール・ピンクの'ピンク・フレンチ・レース'があり、花色以外の性質はほぼ同等。つる性の'つる フレンチ・レース'（French Lace, Climbing）もあるが、つる性の性質がとても不安定で、頻繁にブッシュ・ローズに戻る。四季～返り咲き性で、フェンスやオベリスクなどに向く。

ピンク・フレンチ・レース
Pink French Lace

F／四季咲き／花径約8㎝

CHAPTER
« 5 »

バラのアロマが素晴らしい！香りがよいバラ

ラヴェンダー、スイートピー、ジャスミンにクチナシ。
香りがよい花は世の中に多数ありますが、
バラほど香りの質が高く、そして強く、
バリエーション豊かな香りを持つ植物は他にはありません。
ここでは香りがよい品種を紹介します。

Page. 092 → 107

アンブリッジ・ローズ

Ambridge Rose (AUSwonder)

【作出年】1990年　【作出国】イギリス
【作出者】David C. H. Austin
【交配親】Charles Austin×Wife of Bathの実生

アプリコット色で、開花後にやや淡くなる。カップ咲きからロゼット咲きで、数輪の房で開花し、花付きがとてもよい。花保ちはやや悪いが、強いアニスの香りがあり、香りは好き嫌いが分かれる。花弁は雨でも傷みにくい。春以降もよく開花し、夏も秋も比較的花数が多い。花枝は中程度の太さで、堅く短め。半直立性のまとまりのよい株に生育し、鉢植えにも向く。樹高約1mで、分類上はシュラブ・ローズだが、国内ではブッシュ・ローズのように生育する。黒星病などで落葉させると、枝が充実せずに枯れ込むことがある。樹勢は中程度で、耐病性も中程度で、一定の防除をすることで順調に生育する。品種名はラジオの人気番組の中の架空の村の名前。

S／四季咲き／花径約9㎝

ブルー・ムーン

Blue Moon (TANnacht)

【作出年】1964年　【作出国】ドイツ　【作出者】Mathias Tantau Jr.
【交配親】(Sterling Silver×実生)×実生

ラヴェンダー色の半剣弁高芯咲きで、主に一輪もしくは数輪の房で開花し、花付きはよい。花保ちは中程度で、雨で花弁が傷みやすく、開かずに腐ってしまうことがある。強いブルー・ローズ香。やや芽吹きが悪く、春の開花後は十分に肥培しないと二番花以降の花数が減少する。花枝は中程度の太さで、トゲが少なくすらりと長く伸びる。伸長力があり、樹高約1.4mの直立性の株に生育する。冬季に寒さで枝に黒い斑点が現れることがある。高温期に下葉が黄変・落葉することがある。枝は比較的充実しやすいが、樹勢は中程度で、耐病性がやや弱く、しっかりと病害虫を防除しないと順調に生育しない。本品種は世界各地で栽培されていて「シシー（Sissi）」、「ブルー・マンデー（Blue Monday）」など国によって名前が異なる。枝変わりに'つる ブルー・ムーン'（Blue Moon, Climbing）があるが、シュートが太く堅く、約3m伸びる。伸びたシュートの先3分の1程度にしか花が咲かず、また花枝も長いなど、つるバラとしては性質が劣る。用途はフェンスに限られる。

HT／四季咲き／花径約11cm

香りが魅力の ブルー・ローズ達

ここで紹介する品種は、いずれも素晴らしいブルー・ローズ香を持つが、残念ながら適切な病害虫防除なしでは順調には生育しない。雨避けのある場所で栽培するのも一案。

ハリー・エドランド
Harry Edland

赤みのある色。多花性で初冬まで花が開きやすい。鉢植えにも向く。枝が充実しやすく、悪条件に耐える。

ディオレサンス
Dioressence (DELdiore)

外弁に赤みがさす。枝ぶりが粗く、芽吹きが悪く、十分な肥培が必要な品種。悪条件に耐える。

シャルル・ドゥ・ゴール
Charles de Gaulle (MEIlanein)

やや赤みのある色。多花性で、鉢植えにも向く。枝が充実しやすく、悪条件に耐える。

ステンレス・スチール
Stainless Steel (WEKblusi)

シルバー系の色。ボリュームのある花だが、雨に弱く開きにくい。枝ぶりが粗く、花数が少ない。高性。

ブルー・リバー
Blue River (KORsicht)

赤みのある色で、開花と共にさらに赤く変化する。トゲが多い。多花性で、鉢植えにも向く。

シルバー・シャドウズ
Silver Shadows

シルバー系の色。雨でも傷みにくい。多花性で、鉢植えにも向く。枝が充実しやすく、悪条件に耐える。

ブルー・パフューム
Blue Perfume (TANfifum)

赤みの強い色。雨で開かないことがある。特にコンパクトで、鉢植え向き。落葉させると枯れ込みやすい。

セプタード・アイル

Scepter'd Isle (AUSland)

【作出年】1996年 【作出国】イギリス
【作出者】David C. H. Austin
【交配親】Wife of Bath×English Heritage

淡いピンクの美しく整ったオープン・カップ咲きで、花が開くと花芯をのぞかせる。親の'イングリッシュ・ヘリテージ'由来の美しい花形には定評がある。花は数輪の房で咲き、花付きがとてもよい。花保ちはやや悪いが、強いアニスの香りがあり、香りは好き嫌いが分かれる。花弁は雨でも傷みにくい。春以降もよく開花し、秋も比較的多く咲く。花は上向きに開花するが、花枝がしなやかで、ほどよくたわむ。シュートは弓状に伸び、伸長は約1.7m。伸びた枝を誘引すれば、小型のフェンスやオベリスク、アーチなどに仕立てることもできる。自立させる場合は、冬季に剪定で樹形を整えるとよい。樹勢は強いものの、耐病性は中程度なので、一定の防除をすることで順調に生育する。

S／四季〜返り咲き／花径約9㎝

ガートルード・ジーキル

Gertrude Jekyll (AUSbord)

【作出年】1986年 【作出国】イギリス
【作出者】David C. H. Austin
【交配親】Wife of Bath×Comte de Chambord

華やかなローズ色の丸弁平咲きからロゼット咲き。花は数輪の房で咲き、花付きがとてもよい。花保ちはやや悪いが、強いダマスクの香りがあり、香りの質と強さは高く評価されている。花弁は雨に強い。関東地方以西の平地では、春以降の花数が少ない。花は上向きで咲き、花枝はトゲが多く、細めでまっすぐ上へ伸びる。シュートも直立に約2.5m伸び、伸びた枝を誘引すれば、フェンスやオベリスク、アーチなどに仕立てることもできる。自立させる場合は、冬季の剪定で強く切り詰めて樹高を下げるとよい。枝は堅く充実しやすく、悪条件にも耐え、樹勢は強いものの、耐病性は中程度なので、一定の防除をすることで順調に生育する。品種名の由来は20世紀初頭に活躍した女性園芸家の名前。

S／弱い返り咲き／花径約9㎝

フリージア

Friesia (KORresia)

【作出年】1973年 【作出国】ドイツ
【作出者】Reimer Kordes
【交配親】Friedrich Wörlein×Spanish Sun

退色しにくい鮮やかな黄色で、整った半剣弁から剣弁の高芯咲き。花は数輪の房で咲き、花付きがとてもよい。早咲き。花保ちはやや悪いが、強いフルーティーな香りがある。花弁は堅く雨でも傷まない。花枝は中程度の太さで堅く、節数が少なく短い。半直立性の樹高約1mの株に生育し、フロリバンダ系としては枝の分枝が粗いが、株のまとまりはよく、鉢植えに向く。黄色系の品種としては枝が堅く充実しやすい。樹勢がやや弱く、黒星病にはやや耐性があるものの、うどんこ病耐性は標準。強剪定を避け、一定の病害虫の防除をすることで順調に生育する。品種名は地名に由来するが、その色彩からフリージアに由来すると誤解されることが多い。作出後50年近く経過するが、現在でも評価の高い品種。

F／四季咲き／花径約8㎝

ゴールデン・セレブレーション

Golden Celebration (Ausgold)

【作出年】1992年　【作出国】イギリス
【作出者】David C. H. Austin
【交配親】Charles Austin×Abraham Darby

オレンジがかった山吹色のカップ咲きで、花は数輪の房で咲き、花付きがとてもよい。花保ちはやや悪いが、強いフルーティーな香りがあり、香りの質と強さは高く評価されている。花弁は雨に強い。関東地方以西の平地では、夏までは返り咲くが秋の花数は少ない。花はうつむきかげんで咲き、花枝は短く堅い。シュートは斜上に約2.5m伸び、中程度の太さで、比較的誘引しやすい。フェンスやオベリスク、アーチなどに仕立てることもでき、シュートの元から先まで花を咲かせる。自立させて仕立てる場合は、冬季の剪定で強く切り詰めるとよい。樹勢は強く、うどんこ病耐性は中程度だが、黒星病にはやや弱く注意が必要。一定の防除をすることで順調に生育する。

S／返り咲き／花径約10㎝

グラハム・トーマス

Graham Thomas (Ausmas)

【作出年】1983年　【作出国】イギリス
【作出者】David C. H. Austin
【交配親】実生×(Charles Austin×(Iceberg×不明))

山吹色のカップ咲きで、花は数輪の房で咲き、花付きがとてもよい。花保ちはやや悪いが、中程度から強めの心地よいティーの香りがある。関東地方以西の平地では、夏場までは返り咲くが、秋の花数が少ない。花はうつむきかげんで咲き、花枝はやや細く長く堅い。シュートは直立に約2.5m伸び、細めで誘引しやすい。フェンスやオベリスクなどに仕立てることもできるが、花枝が長いので用途が限られる。自立させて仕立てる場合は、冬季の剪定で強く切り詰めるとよい。枝は堅く充実しやすく、樹勢は強いものの、耐病性は中程度なので、一定の防除をすることで順調に生育する。品種名は著名な英国の園芸専門家の名前で、作出者が不遇の時代からサポートした人物であり、命名に際して本人自らがこのバラを選んだ。本品種の登場は世のイングリッシュ・ローズ人気の火付け役となり、2009年に世界バラ会連合選出の「栄誉の殿堂入りのバラ」になった。

S／返り咲き／花径約7㎝

アンナプルナ

Annapurna (DORblan)

【作出年】2000年 【作出国】フランス【作出者】Francois Dorieux Ⅱ

純白の丸弁平咲きで、花芯に若干のグレーの翳りを感じる。現時点で最も色が白いバラの一つ。花は数輪の房で咲き、花付きがとてもよい。丸弁から半剣弁の平咲きで、開花は中生。花保ちは中程度で、フルーティーな強香。花弁は雨でも傷みにくい。春以降は夏も秋も咲くが、秋は到花日数が長くなる傾向があり、夏剪定を9月初め以降に行うと、開花が大幅に遅れたり咲かなくなることがある。花枝はやや細めで半直立に伸び、堅くしっかりしている。半直立性の樹高約1.2mの株に生育する。冬季には枝に黒いシミが発生するが、生育上は特に問題ない。年数の経過と共に、株元からのシュートが発生しなくなる。樹勢は中程度で、耐病性も中程度で、一定の防除をすることで順調に生育する。

HT／四季咲き／花径約8cm

マーガレット・メリル

Margaret Merril (HARkuly)

【作出年】1977年 【作出国】イギリス 【作出者】Jack Harkness
【交配親】(Rudolph Timm×Dedication)×Pascali

アイヴォリーから白の波状弁咲きで、春は数輪の房で開花し花付きがよい。適切な管理がなされていても秋は一輪咲きになることが多く、花数が減少する。開花は中生。花保ちはやや悪く、ダマスク系の強香。花弁は雨でも傷みにくい。シュラブの性質をやや保有しており、秋は到花日数が長くなる傾向があり、夏剪定を9月初め以降に行うと、開花が大幅に遅れたり咲かなくなることがある。花枝はやや細めで直立に伸び、堅くしっかりしている。直立性で、樹高約1.4mの大株に生育する。樹勢は強いが、耐病性は中程度で、一定の防除をすることで順調に生育する。本品種は香りのフロリバンダ系の代表品種で、世界中で広く栽培される。

F／四季咲き／花径約8cm

ホワイト・クリスマス

White Christmas

【作出年】1953年 【作出国】アメリカ
【作出者】Howard & Smith
【交配親】Sleigh Bells×実生

つる ホワイト・クリスマス
White Christmas, Climbing

混ざり咲くローズ色は'つる ローズうらら'

アイヴォリー色の半剣弁抱え咲き。一輪から数輪の房で開花し、巨大輪品種ではあるが花数が多い。花保ちは中程度で、フルーティーな強香。花弁はやや雨に弱く、多肥条件などが重なると開かないことがある。花枝は太く堅く中程度の長さ。半直立性の樹高1.2mほどの立派な株に生育する。枝数が多く株はまとまりがよいので、鉢植えにも向く。年数の経過と共に、株元からのシュートが発生しなくなる。樹勢は中程度で、耐病性も中程度で、一定の防除をすることで順調に生育する。枝変わりに'つる ホワイト・クリスマス'があり、弱い返り咲きだが花付きがよく、大きな花が咲き揃うととても見ごたえがある。早咲き。シュートは太く堅く約3m伸び、用途はフェンスなどに限られる。

HT／四季咲き／花径約14cm

スノー・ペイブメント

Snow Pavement (HANsno)

【作出年】1986年
【作出国】ドイツ
【作出者】Hans Baum

ペール・ピンクの不整形なセミダブル咲き。数輪の房で開花し、花付きがよい。花保ちはやや悪く、スパイス系の強香。花弁は雨でも比較的傷みにくい。早咲き。春以降は適時秋まで返り咲き、赤い実が結実はするものの着果数が少ない。花枝はやや細くしなやかで若干広がるように伸び、細かなトゲが多数ある。葉は淡緑でやや細長く皺が少ない。ルゴーサ系としては、花や枝葉が繊細な印象で日本人に好まれる。多くの同タイプの品種は樹高の高い大株に生育するが、本品種は樹高約0.8mとコンパクトで、鉢植えにも向く。挿し木苗や深植え株で自根が発生した場合は、サッカーで広がる。晩秋に黄葉する。樹勢は中程度だが、耐寒性と耐病性に優れ、ハダニには要注意だが、減農薬栽培にも向く。

HRg／四季〜返り咲き／花径約6㎝

ジュード・ジ・オブスキュア

Jude the Obscure (AUSjo)

【作出年】1995年 【作出国】イギリス
【作出者】David C. H. Austin
【交配親】Abraham Darby×Windrush

ウォラトン・オールド・ホール
Wollerton Old Hall (AUSblanket)

より整ったカップ咲きで、強いアニスの香り。雨にも強い。本品種よりも伸長力があり直立に伸びる。花枝がやや長くフェンスなどに向く。返り咲き。

黄色みがかったアプリコット色の抱えるようなカップ咲きで、その美しい花形に定評がある。数輪の房で開花し、花付きがよい。花保ちはやや悪く、フルーティーな強香。花弁はやや雨に弱く、傷むことがある。春以降も返り咲くが、秋の花数は少なめ。花枝はやや細くしなやかに弧を描くように広がる。シュートは斜上に約2m伸び、小型の構造物に誘引できるが、花枝が長く枝ぶりもやや粗く用途が限られる。自立させて仕立てる場合は、冬季の剪定で強く切り詰めるとよい。枝は堅く充実しやすく、樹勢はやや強いものの、耐病性は中程度なので、一定の防除をすることで順調に生育する。本品種によく似た品種に'ウォラトン・オールド・ホール'がある。

S／四季〜返り咲き／花径約8㎝

エレン・ウィルモット
Ellen Willmott

サーモンを含んだ淡桃色で、花弁に切れ込みが入ることがある。多くの特性が本品種に似るが、花が一回り大きい。ティー系の微香。

ホワイト・ウィングス
White Wings

白い花弁と赤い花芯のコントラストが美しい。多くの特性が本品種に似るが、より花枝は細く繊細。スパイス系の中〜強香。

デンティ・ベス

Dainty Bess

【作出年】1925年 　【作出国】イギリス
【作出者】Archer
【交配親】Ophelia×Kitchener of Khartoum

淡桃色の一重咲きで、時に花弁が浅く波打つことがあり、花弁と赤紫色の花芯とのコントラストが美しい。花は数輪の房で咲き、花付きがとてもよい。花保ちはやや悪く、スパイス系の中〜強香。花弁は雨でも傷みにくい。春以降も夏も秋もよく咲くが、結実しやすいので花がら切りが必須。花枝は細くすらりと直立に伸び、直立性の樹高約1.2mの株に生育する。枝数はさほど多くないが、まとまりはよいので鉢植えも可能。年数の経過と共に、株元よりシュートが発生しなくなる。樹勢は中程度で、耐病性も中程度で、一定の防除をすることで順調に生育する。本品種は往年の一重咲きの銘花として知られ、本品種を交配親に同様に美しい一重咲きの品種が誕生している。枝変わりに'つる デンティ・ベス'（Dainty Bess, Climbing）があり、樹勢が強く、ブッシュに戻りやすく四季〜返り咲き。シュートの伸長は約3mで、花枝が長くフェンスに向く。

HT／四季咲き／花径約8㎝

ドゥフトボルケ（フレグラント・クラウド）

Duftwolke (Fragrant Cloud) (TANellis)

【作出年】1963年　【作出国】ドイツ
【作出者】Mathias Tantau Jr.　【交配親】実生×Prima Ballerina

ややくすんだ朱赤色で、中高温では冴えた朱色になる。半剣弁高芯咲きから抱え咲きで、一輪もしくは数輪の房で開花し、巨大輪品種ではあるが花数が多い。花保ちは中程度で、フルーティーな強香があり、その香りは高く評価されている。春以降も開花するが、耐暑性が弱く、高温期に下葉が黄変・落葉しやすい。花枝は中程度の太さで、短く堅い。半横張り性の樹高約1mの株に生育し、株のまとまりもよいので鉢植えにも向く。樹勢は中程度で、耐病性も中程度で、強剪定を避け、一定の防除をすることで順調に生育する。1981年に世界バラ会連合選出の「栄誉の殿堂入りのバラ」になった。本品種は香りの銘花として知られ、交配親として多数の品種の親になっているが、その多くは耐暑性の弱さも引き継いでいる。中でも'ハーモニー'は本品種に匹敵する香りのバラとして知られる。

HT／四季咲き／花径約14cm

ハーモニー

Harmonie (KORtember)

本品種よりもサーモンを帯びた色で、小ぶりの整った剣弁高芯咲きの花。耐暑性が弱い。本品種と同様に交配親として活躍している。

ブラック・ティー

Black Tea

【作出年】1973年　【作出国】日本
【作出者】岡本勘治郎
【交配親】Hawaii×(Aztec×(Goldilocks×Fashion))

灰色を帯びた濃赤茶色で、高温期は朱色になる。半剣弁平咲きで、主に一輪咲きで、花付きは普通。花保ちは中程度で、心地よいティー系の中から強香。ブラインドが発生しやすい。花枝はトゲが多く、太く堅く中程度の長さ。直立性の約1.2mの株に生育し、まとまりがよく、鉢植えも可能。枝は充実しにくく、特に黒星病で葉を落とした場合はその傾向が強くなり、枝が枯れ込む。樹勢は中程度で、耐病性も中程度で、一定の防除をすることで順調に生育する。発売当初、本品種は斬新な色彩だったが、耐寒性が劣ることもあり世界的には普及しなかった。枝変わりに'つる ブラック・ティー'（Black Tea, Climbing）があり樹勢が強く、ブッシュに戻りやすく返り咲き。シュートの伸長は約3mでフェンスに向く。

HT／四季咲き／花径約13㎝

ラスティング・ラブ

Lasting Love (ADHarman)

【作出年】1991年　【作出国】フランス
【作出者】Michel Adam
【交配親】Color Wonder×Manou Meilland（異説あり）

紫を含んだ濃赤桃色の丸弁から半剣弁高芯咲き。花は一輪もしくは数輪の房で咲き、花付きがよい。花保ちは中程度で、ダマスク系の強香があり、その香りは高く評価されている。葉は特に光沢が強い照り葉で、赤みのある若葉はメタリックでシャープな印象。花枝は中程度の太さで堅く短い。半直立性の樹高約1mの株に生育する。分枝がよく、密生したまとまりのよい株に生育し、鉢植えに最適。樹勢は中程度で、耐病性も中程度。強剪定を避け、一定の防除をすることで順調に生育する。枝変わりに'つるラスティング・ラブ'があり、樹勢が強く、春以降もよく開花する。四季～返り咲き。シュートの伸長は約2.5mほどで、フェンスやオベリスクなどに向く。

HT／四季咲き／花径約11㎝

つる ラスティング・ラブ
Lasting Love, Climbing

パパ・メイアン

Papa Meilland (MEIsar)

【作出年】1963年　【作出国】フランス
【作出者】Alain Meilland
【交配親】Chrysler Imperial×Charles Mallerin

ビロード光沢のある黒赤色で、気温によって色合いは変化。剣弁高芯咲きの花は主に一輪咲きで、花付きが少ない。花保ちは中程度。ダマスク系の強香で、その香りは高く評価されている。早咲き。花弁は雨でも傷みにくい。花枝はトゲが多く、節間が長くよく伸びる。株は直立性で、枝ぶりが粗く、樹高約1.5mで株姿が整わない。樹勢は中程度で、耐病性がやや弱く、一定の防除をすることで順調に生育する。1988年に世界バラ会連合選出の「栄誉の殿堂入りのバラ」になった。両親を同じくする品種に、'ミスター・リンカーン'と'オクラホマ'などがある。'ミスター・リンカーン'は濃赤色の巨大輪花で、同等の強いダマスク香。本品種よりも枝ぶりが整い、半直立性の大株に生育する。'オクラホマ'は紫がかった黒赤色で、一回り小ぶりの花を咲かせ、同様に強いダマスク香がある。樹形は整いやすく、3品種の中では最も総合点が高い。いずれも悪条件に耐えて生き残る。

HT／四季咲き／花径約13cm

ミスター・リンカーン
Mister Lincoln

オクラホマ
Oklahoma

ザ・マッカートニー・ローズ

The McCartney Rose (MEIzeli)

【作出年】1992年　【作出国】フランス
【作出者】Alain Meilland
【交配親】（Nirvana×Papa Meilland）×First Prize

ローズ色の丸弁から半剣弁平咲きで、花弁数が20枚前後とやや少ない。一輪もしくは数輪の房咲きで、花付きは中程度。ダマスク系の強香。花保ちは中程度だが、花が開くのが早い。開花は中生。花弁は雨でも傷みにくい。花枝は太く、強く横に張り出すように伸び、葉も大きく密に茂り、立派な茎葉に対して花がやや小さい印象。シュートは斜上に強く伸び、晩夏以降のシュートはシュラブのように長く伸びる。シュラブとブッシュの中間型の樹形で、横張りから半横張りの大株に生育する。悪条件に耐え、樹勢が強く、耐病性に優れ、減農薬栽培に向く。本品種は強く丈夫なバラであるが、同時に美しさや香りを備えているため、作出当時は高く評価された。品種名は歌手のポール・マッカートニーにちなむ。

HT／四季咲き／花径約11cm

オフィーリア

Ophelia

【作出年】1914年 【作出国】イギリス 【作出者】William Paul（作出者に関しては不確か）
【交配親】Antoine Revoireの実生とされる

淡桃色の剣弁高芯咲き。一輪もしくは数輪で咲き、花付きがとてもよい。ダマスク系の強香。花保ちは中程度だが、花が開くのが早い。花弁は比較的雨で傷まない。花枝はやや細く、堅く短い。半直立性の樹高約1mの株に生育し、分枝がよくまとまりもよく、鉢植えに向く。夏の暑さにやや弱く、高温期に生育が緩慢になる。枝は堅く充実しやすいが、樹勢は中程度で、耐病性も中程度で、強剪定を避け、一定の防除をすることで順調に生育する。本品種は20世紀を代表するバラの一つとされ、多くの品種の交配親になった。枝変わりにピンク色の'レディ・シルヴィア'（Lady Sylvia）や'マダム・バタフライ'、白色の'ウェストフィールド・スター'（Westfield Star）、'つる オフィーリア'（Ophelia, Climbing）などがある。

HT／四季咲き／花径約10cm

マダム・バタフライ
Madame Butterfly

花色以外の性質は、'オフィーリア'とほぼ同じ。

芳純

Hohjun

【作出年】1981年 【作出国】日本
【作出者】鈴木省三
【交配親】Granada×Kronenbourg（筆者は×Duftwolkeと推測）

サーモンがかったローズ色の半剣弁から剣弁高芯咲き。一輪もしくは数輪の房で咲き、花付きがよい。花保ちは中程度で、花弁は雨でも傷みにくい。ダマスク系の強香。その香りは高く評価され、本品種の名前を冠した商品も発売され、「元祖日本の香りバラ」ともいうべき存在。早咲きで、大輪系の品種の中ではいち早く開花する。ブラインドが発生しやすい。花枝は短く堅く、半直立性の樹高約1mの株に生育する。株はまとまりがよく、鉢植えに向く。夏の暑さに弱く、梅雨明け後には下葉が黄変・落葉し、生育を停止する。秋バラを咲かせるためには夏剪定を極力軽くし、秋口からの肥培管理を十分に行うことが必須。樹勢は中程度で、耐病性も中程度で、強剪定を避け、一定の防除をすることで順調に生育する。

HT／四季咲き／花径約13cm

ナエマ

Nahéma (DELéri)

【作出年】1998年　【作出国】フランス
【作出者】Delbard
【交配親】Grand Siécle×English Heritage

わずかにサーモンを含む淡桃色の整ったカップ咲き。数輪の房咲きで、花付きがとてもよい。花保ちはよいが、花弁が雨で傷むことがある。フルーティーな強香で、やや遅咲き。春以降も夏まではよく咲くが、秋の花数が少ない。花枝はトゲが少なく、長く堅い。シュートは直立に約2.5 m伸び誘引することもできるが、花枝が長く、花枝も枝先に集中しがちなので、用途はフェンスやオベリスクに限られる。自立させて仕立てる場合は、冬季の剪定で強く切り詰めるとよい。夏の暑さにやや弱く、高温期には葉の縁が外側に反転し変形する。悪条件に耐え、樹勢が強く、耐病性に優れ、減農薬栽培に向く。本品種の交配種に'ビエ・ドゥー'があり、生育特性がよく似ているが、本品種よりも小型の株で秋の花数も多い。

LCl／返り咲き／花径約8cm

イングリッシュ・ヘリテージ

English Heritage (AUSblush)

【作出年】1984年　【作出国】イギリス
【作出者】David C. H. Austin
【交配親】実生×(Iceberg×Wife of Bath)

淡桃色の美しく整ったカップ咲きで、数輪の房咲きで花付きがとてもよい。花保ちはやや悪いが、強いフルーティーな香りがあり、その香りは高く評価される。夏以降も秋までよく咲くが、秋は到花日数が長くなるので、夏剪定は早めに行う。花枝はトゲが少なく、短めでしなやかにふわりと広がり、葉も小葉で繊細な印象。シュートは斜上に約1.5 m伸び、小型のフェンスやオベリスクなどに誘引することも可能。自立させる場合は、冬季の剪定で強く切り詰めるとよい。樹勢は中程度で、耐病性も中程度なので、一定の防除をすることで順調に生育する。本品種は初期のイングリッシュ・ローズの秀作で、交配親としても広く活躍している。枝変わりに酔白色の'ローズ-マリー'があり、花色以外の性質はほぼ同等。

S／四季〜返り咲き／花径約7cm

ビエ・ドゥー
Billet Doux (DELrosar)

ダマスク系の強い香りがあり、遅咲き。

ローズ-マリー
Rose-Marie (AUSome)

つる クリムゾン・グローリー

Crimson Glory, Climbing

【作出年】1941年
【作出国】南アフリカ 【作出者】Millar
【交配親】Crimson Gloryの枝変わり

ビロード光沢のある濃赤色の半剣弁高芯咲きで、数輪の房咲きで花付きがとてもよい。花弁は雨でも傷みにくい。強いダマスクの香りがあり、花が咲き揃うと周囲に香りが漂う。早咲き。春以降は時々返り咲く。花枝はやや細く、堅く短い。花首はうつむくように咲くので、目線より高い位置に誘引すると効果的。シュートは斜上に約3m伸び、比較的誘引しやすい。伸びたシュートの元から先まで花を咲かせる。フェンス、アーチ、オベリスクなど用途が広い。耐暑性がやや弱く、夏に下葉が黄変・落葉することがある。年数が経過しても株元からシュートが発生する。樹勢が強く、黒星病耐性は中程度だが、うどんこ病に注意が必要。一定の防除をすることで順調に生育する。

CIHT／返り咲き／花径約11cm

ダブル・デライト

Double Delight (ANDeli)

【作出年】1977年 【作出国】アメリカ 【作出者】Herbert C. Swim & A. W. Ellis
【交配親】Granada×Garden Party

アイヴォリー色から開花と共に赤く変化し、変化する様子は実に美しく人目を引く。丸弁高芯咲きで、主に一輪で開花。ブラインドが発生しやすく、花付きは少なめ。花保ちは中程度で、花弁は雨でも傷みにくく、フルーティーな強香。花枝は中程度の太さで、横に伸びやや長い。半横張りの樹高約1.2mの株に生育し、片寄って枝が伸びやすく株姿が整いにくい。樹勢は中程度で、耐病性がやや弱く、一定の防除をすることで順調に生育する。この美しい色彩と香りで、発売と同時に瞬く間に人気品種となり、発表後わずか約10年と異例の早さで1985年に世界バラ会連合選出の「栄誉の殿堂入りのバラ」になった。枝変わりに'つる ダブル・デライト'（Double Delight, Climbing）があり、一季咲きで、花付きは中程度。フェンスなどに向く。

HT／四季咲き／花径約13cm

CHAPTER 6

気難しいけれど魅力のあるバラ

栽培が難しいのは分かっているものの、
それでも育ててみたくなるほどの魅力がある品種をご紹介します。
各品種の弱点をよく把握し、
栽培にチャレンジしてみてください。

Page. 108 → 119

ディスタント・ドラムス

Distant Drums

つる ディスタント・ドラムス
Distant Drums, Climbing

【作出年】1984年　【作出国】アメリカ
【作出者】Griffith J. Buck
【交配親】September Song×The Yeoman

複雑な色合いで、グレーがかったラヴェンダー色に中心はアプリコットからブラウンになる。開花後に退色し、全体がグレーがかったピンク色に変化。花色のグラデーションの美しさに定評がある。丸弁平咲きで、時に花芯が割れてクォーター・ロゼット咲きのようになる。花は数輪の房咲きになり、花付きがとてもよい。蕾は細長く、中心の花より高い位置に伸び出すので、咲いている花と蕾の色の対比もまた美しい。早咲きで開花サイクルが短く、次々と咲く。アニスの強香。花弁は雨でも傷みにくい。結実しやすいので、花がら切りは必須。花枝はやや細くトゲが多く直立に伸び、樹高約1.2mの株に生育する。分枝がよくまとまりのよい株で、鉢植えも可能。本品種は分類上ではシュラブとされるが、国内ではブッシュ・ローズのように生育する。樹勢は中程度で耐病性も中程度なので、一定の防除をすると順調に生育する。耐寒性があり、悪条件に耐えて生き残る品種だが、夏の暑さや日照不足に弱く、些細なことを機に下葉が黄変・落葉するので樹勢が落ちやすいため、美しい状態を保つのが難しい。枝変わりに'つる ディスタント・ドラムス'があり、樹勢が強く、より早咲きで春以降も返り咲く。シュートは直立に伸びるが、上記のように落葉しやすいため途中で勢いが落ちやすく、関東地方以西の平地ではシュートが長く伸びにくい（伸長は約2～2.5m）。時々ブッシュに戻るので注意が必要。（遠藤）

S／四季咲き／花径約9cm

禅

Zen (ZENfuzen)

【作出年】2005年　【作出国】日本
【作出者】河合伸志　【交配親】(Madame Violet×Tom Brown)×Teddy Bear

茶色で外弁に紫色のぼかしが入る。紫色は紫外線の強い春に濃く表れ、秋は茶色一色に近くなる。茎葉に赤みがあり、渋い花色との対比が美しい。花は整った剣弁高芯咲きで、数輪の房咲きになり、花付きがとてもよい。花弁は雨でも傷みにくい。花保ちは中程度で、ティー系の中香。極早生で、開花サイクルが極めて短く、適切な管理をすれば秋まで繰り返し何度も開花する。関東地方以西の平地では、暖冬の年は12〜1月に満開になることもある。夏の花が極端に小さくなる傾向がある。花枝は中程度の太さで、やや短い。半直立性の樹高約1mの株に生育する。まとまりがよく、鉢植えにも向く。樹勢は中程度で、耐病性がやや弱く、特に黒星病には注意が必要。定期的な薬剤散布を必要とする。

F／四季咲き／花径約8㎝

マダム・ヒデ

Madame Hide

【作出年】1990年　【作出国】日本
【作出者】太田嘉一郎　【交配親】Pink Picnica×Garden Party

クリーム色にピンクの覆輪がくっきりと入る。美しく整った剣弁高芯咲きで、花芯がキリッと巻く。花保ちがとてもよく、開いた後も花形が崩れにくく、美しい状態を長く保つ。主に一輪で開花するが、花付きはよい。奇形花などはなく、安定的に整った花を咲かせる。花弁は雨にも強く、傷みにくい。モッコウバラに続いて開花する極早生品種。花枝は短く、半直立性の樹高約0.8mのコンパクトな株に生育する。株姿もまとまり、鉢植えにも適している。本品種の凛とした美しさには定評があり根強い人気があるものの、樹勢が弱く、生育が緩慢で耐病性もやや弱いなど栽培のしにくさがある。日照や土壌の条件がよい場所に植栽し、十分に肥培管理をし、強剪定を避け、定期的な薬剤散布をする必要がある。

HT／四季咲き／花径約12㎝

ガブリエル

Gabriel

【作出年】2008年
【作出国】日本
【作出者】河本純子

白に近い極淡い紫で、時に中心部は茶を含んだ淡紫色に染まる絶妙な色彩。花弁が浅く波打つロゼット咲きで、ブルー・ローズの強香。花保ちがよく、比較的雨にも強い。数輪の房咲きになり、花付きがとてもよい。春以降も咲かせるには、十分な肥培管理が必要。花枝は細くトゲが少なく、しなやかでたわむ。小葉。株は半直立性で、樹高約0.8ｍの株に生育する。多分枝で密生してまとまりのよい株になり、鉢植えに向く。古くなった幹は松の幹のようにひび割れ、突然枯れ込むことがある。夏に下葉が黄変・落葉しやすく、枝の表皮も黒変することがある。樹勢が弱く、生育が緩慢で、耐病性も弱いなど栽培のしにくさがある。日照や土壌の条件のよい場所に植栽し、強剪定を避け、定期的な薬剤散布をする必要がある。

HT／四季咲き／花径約7㎝

粉粧楼（クロティルド・スペール）

Fen Zhuang Lou (Clotilde Soupert)

【作出年】1889年　【作出国】ルクセンブルク
【作出者】Soupert et Notting
【交配親】Mignonette×Madame Damaizin

白に中心が桃色のカップ咲きで、スパイス系の強香。花保ちは中程度で、花弁は薄く繊細で、雨や多湿・多肥などで開かないことが多い。数輪の房咲きになり、花付きがとてもよい。花枝は細く多分枝で、樹高約0.7ｍのまとまりのよい株に生育する。鉢植え向き。春の花を美しく咲かせるには、雨の当たらない場所で栽培し、成株には寒肥を極力減らす。減らした分だけ花後のお礼肥を増やし、翌年に向けての生育を促す。樹勢は中程度で、うどんこ病には弱いが黒星病耐性があり、減農薬でも栽培可能。本品種は中国経由で日本に導入されたため、当初この名前で流通していたが、後に'クロティルド・スペール'と判明。枝変わりに'つるクロティルド・スペール'（つる　粉粧楼）があり、樹勢が強いが同様に春の花は開きにくい。

Pol／四季咲き／花径約6㎝

カフェ

Café

【作出年】1956年　【作出国】ドイツ
【作出者】Reimer Kordes
【交配親】(Golden Glow×Kordesii)×Lavender Pinocchio

茶色のロゼット咲きに近い花形で、花弁は不規則に並び、芯が複数に割れるなど変化に富む魅力的な花。数輪の房咲きになり、花付きがよい。ティー系の中香で、花保ちは普通。二番花以降を咲かせるには、十分な肥培を行う必要がある。花枝は太く堅く横に張り出し、大きなトゲが多数存在する。花首はややつむく。樹高約1mの強い横張りの株で、株型がまとまりにくいので3株をかためて1株のように植えるとよい。樹勢は中程度で、耐病性がやや弱く、定期的な薬剤散布を必要とする。本品種には枝変わりとして'コーヒー・ルンバ'と'ゴールド・ブレンド'が存在し、花色以外の性質はほぼ同等。また本品種を親に育成された'ブロドリー'はやや桃色がかった色彩で、二番花以降も開花しやすく、本品種の株型の悪さも改善され、鉢植えにも向く。

F／四季咲き／花径約8cm

ゴールド・ブレンド
Gold Blend (ZENfuyecafe)

黄土色を帯びた渋い黄色。

コーヒー・ルンバ
Coffee Rumba (ZENfucafe)

桃色がかった茶色で、季節によって花色が変化する。

ブロドリー
Broderi

'カフェ'の魅力を受け継ぎつつ機能面が向上した品種。

グレー・パール

Grey Pearl

【作出年】1945年　【作出国】イギリス
【作出者】Samuel Davidson McGredy III
【交配親】(Mrs. Charles Lamplough×実生)×(Sir David Davis×Southport)

淡い灰紫色に底は茶色を帯びる神秘的な色合いで、花色は季節によって変化する。ロゼット咲きの花は数輪の房咲きになり、花付きがよい。中程度から強めの香りがあり、花保ちは中程度。早咲きで、花枝はやや細く短い。節数が少ないため葉の枚数が少なく、そのため樹勢が弱く、生育が緩慢。二番花以降を咲かせるためには、十分な肥培を行う必要がある。半直立性の樹高約0.8mの株に生育し、まとまりがよく、鉢植えにも向く。耐病性もやや弱いので、日照や土壌の条件のよい場所に植栽し、定期的な薬剤散布をする必要がある。本品種は現在の青バラの原点となった品種で、本品種の繊細さは長年、青バラに引き継がれることとなる。

HT／四季咲き／花径約8cm

パープル・タイガー
Purple Tiger (JACpurr)
現在でもこの色彩を超える品種は存在しない。強いダマスク香も魅力。

イントリーグ

Intrigue (JACum)

【作出年】1984年　【作出国】アメリカ　【作出者】William A. Warriner
【交配親】White Masterpiece×Heirloom

インパクトのある赤紫色で、気温が低い時期ほどより濃く妖艶な色になる。半剣弁高芯咲きで、数輪の房咲きになり、花付きがとてもよい。強いダマスク香があり、花保ちは中程度。花枝はやや太く、半直立性の樹高約1.2mの株に生育する。枝ぶりはやや粗いものの株のまとまりがよく、鉢植えにも向く。樹勢は中程度だが、耐病性が弱く、黒星病で落葉させた場合は冬季に枝が枯れ込みやすく、寒さの厳しい地域では枯死することもある。定期的な薬剤散布が必要。作出当時、特異な色彩は高く評価され、その後の品種の交配親にも使われている。中でも'パープル・タイガー'は親品種をしのぐほどの斬新で魅力的な色彩だが、樹勢が弱く、耐病性も弱いので、強剪定を避けた丁寧な栽培が必要。

F／四季咲き／花径約9㎝

夢香

Yumeka (KEIfumoka)

【作出年】2007年　【作出国】日本　【作出者】武内俊介
【交配親】Intrigue×Duchesse de Brabant（もしくはその正逆交配）

紫がかった淡いピンクで、外弁が淡く中心ほど濃い色になる。花弁の透明感が魅力的だが、強い雨に打たれると花弁が傷むことがある。丸弁平咲きの花は、数輪の房咲きになり、花付きがとてもよい。フルーティーな強い香りがあり、花保ちは中程度。春以降もよく咲き、秋の花数も多い。花枝はしっかりとしていて、トゲが少なめで短い。半直立性の樹高約0.8mに生育し、株のまとまりがよく鉢植えにも向く。年数の経過と共にシュートが発生しなくなる。樹勢がやや弱く、耐病性も弱く、病害で落葉させた場合は冬季に枝が枯れ込みやすく、寒さの厳しい地域では枯死してしまうこともある。定期的な薬剤散布が必要。

F／四季咲き／花径約8㎝

ロサ・グラウカ（ロサ・ルブリフォーリア）

Rosa glauca (*Rosa rubrifolia*)

ピンク色の細弁の一重咲きで、数輪から大きめの房で開花し、花付きがとてもよい。早咲き。花保ちは悪いが秋には多数のローズ・ヒップを楽しめ、「ヨシノスズバラ」という名称で切り枝としても流通する。葉は赤みを帯びた灰青色で美しい。枝は細かなトゲがあり、細く繊細な印象。夏の暑さに弱く、関東地方以西の平地では高温期に葉が黄変・落葉し、樹勢が衰え、西日の当たる壁際などでは枯死することもある。シュートは斜上へ弓状に伸び、樹高約1.2mの開帳型の株に生育する。剪定は枯れ枝を切る程度のみとし自然樹形で楽しむのがよい。涼しい地方では樹高2mを超えるような大株に生育し、葉の色もより一層濃く発色する。本種の交配種には'カルメネッタ'と'ルイ・リール'があり、いずれも親の葉の特徴を受け継ぐ。

Sp／一季咲き／花径約3cm

カルメネッタ
Carmenetta

ハマナス（*Rosa rugosa*）との交配種。夏の暑さに強く丈夫。花は一回り大きく、葉色がやや淡く、株姿はがっしりとして繊細さには欠ける。秋には多数の実がなる。

ルイ・リール
Louis Riel (ZUBlou)

ロサ・スピノシッシマ・アルタイカ（*Rosa spinosissima var. altaica*）との交配種。夏の暑さに弱く、過湿には要注意。花は同等の大きさの純白花で、葉色がやや淡く繊細な枝ぶり。結実しにくい。

イヴ・ピアジェ

Yves Piaget (MEIvildo)

【作出年】1983年 【作出国】フランス
【作出者】Marie-Louise Meillan 【交配親】((Pharaoh×Peace)×(Chrysler Imperial×Charles Mallerin))×Tamango

濃ローズ色の巨大輪花で、シャクヤクのような花形。一番花は花弁に切れ込みが入り、より華やかな印象。強いダマスク香があり、主に一輪で開花し、花付きは少なめ。花保ちがよく、雨でも傷みにくい。花枝は太く、樹高約1.2mの半横張りの株に生育する。枝ぶりが粗いので2～3株をかためて1株のように植えるとよい。年数の経過と共にシュートが発生しなくなる。樹勢は中程度で、耐病性(特に黒星病)が弱いので、定期的な薬剤散布が必要。病害で落葉した株は冬期に枝が枯れ込みやすく、力の無い株は特徴的なシャクヤクのような花が咲かない。十分に肥培し、強剪定を避け、病害虫の発生を抑えることが大切。枝変わりに'フレグランス・オブ・フレグランシズ'や'ピンク・イヴ・ピアジェ'(Pink Yves Piaget)、'つる イヴ・ピアジェ'(Yves Piaget, Climbing)などがある。

HT／四季咲き／花径約14cm

フレグランス・オブ・フレグランシズ
Fragrance of Fragrances

ピンク色の枝変わりで、親品種よりも花弁数がやや少なく、香りもやや弱い。

香久山

Kaguyama

【作出年】1974年 【作出国】日本 【作出者】田中泰助 【交配親】Garden Party×十六夜

うっすらとピンクを帯びたアイボリーに、ピンクのぼかしが入る。整った剣弁高芯咲きで、主に一輪で開花し、花付きは中程度。強いダマスク香があり、花保ちがとてもよい。花弁は雨に弱く、時として開かずに腐ってしまうことがあり、多肥ではその傾向がより強まる。花枝は短く、株は半直立性で、樹高約1mの株に生育する。株のまとまりもよく、鉢植えにも向く。夏の暑さにやや弱く、下葉が黄変・落葉することがある。樹勢が弱く、生育が緩慢で、耐病性も弱いなど栽培のしにくさがある。強剪定を避け、日照や土壌の条件がよい場所に植栽し、定期的な薬剤散布をする必要がある。美しい花を目にすることが難しいが、条件が整った時の花は他を圧倒する王者の風格がある。

HT／四季咲き／花径約13cm

玉藻

Tamamo

【作出年】2011年　【作出国】日本
【作出者】田頭数蔵
【交配親】'紫の園'の実生

青みの強いラヴェンダー色。花弁数が多く、開きだした花弁は後方に反転しながらポンポンダリアのようなボール状の花形になり、花芯が複数に割れることがある。中輪系でこのような花形はとても珍しい。数輪の房で開花し、花付きがとてもよい。花保ちは中程度で微香。花弁質は優れ、雨でも傷みにくい。小葉。花枝はやや細く、分枝性に優れる。半横張りの樹高約0.8mの株に生育し、まとまりがよく、鉢植えに向く。枝は堅く充実しやすく、病害などで落葉した場合でも、枝の枯れ込みは少ない。夏の暑さで下葉が黄変・落葉しやすい。樹勢がやや弱く、耐病性（特にうどんこ病）がやや弱いので、強剪定を避け、日照や土壌の条件のよい場所に植栽し、定期的な薬剤散布が必要。

F／四季咲き／花径約7cm

オンディーナ

Ondina

青龍
Seiryu

【作出年】1986年　【作出国】日本
【作出者】小林森治
【交配親】（（たそがれ×実生）×実生）×すみれの丘

青みの強いラヴェンダー色で、現存する品種の中でも最も青い品種の一つ。半剣弁平咲きの花は花付きがとてもよい。花保ちは中程度で微香。花弁質は優れ、雨でも傷みにくい。花枝は細くややしなやかで、すらりと多数立ち上がる。直立性で樹高約0.8mの株に生育し、鉢植えも可能。夏の暑さにやや弱く、下葉が黄変・落葉することがある。樹勢が弱く、生育が緩慢で、耐病性も弱いなど栽培のしにくさがある。日照や土壌の条件のよい場所に植栽し、強剪定を避け、定期的な薬剤散布をする必要がある。本品種を先祖とした'青龍'や'ターン・ブルー'（Turn Blue）、'思い出'（Omoide）、'ブルー・ドレス'（Blue Dress）などは美しい色彩を持つ反面、いずれも同等の性質で栽培が難しい。

F／四季咲き／花径約7cm

万葉

Manyoh

【作出年】1988年　【作出国】日本
【作出者】鈴木省三＆平林浩
【交配親】Ambassador×Gold Bunny

ピンクを含んだ明るいオレンジ色で、涼しい気候ほど発色のよいオレンジ色になる。丸弁から浅い波状弁で、春の花は花弁に切れ込みが入ることもあり、花は開ききってもふわりとした感じで美しい。数輪の房で開花し、花付きがとてもよい。花保ちは中程度で微香。花枝はトゲが少なめで、中程度の太さで短い。樹高約1ｍの半横張りの株に生育し、まとまりがよく、鉢植えに向く。樹勢は中程度で、生育がやや遅く、年数の経過と共にシュートが発生しにくくなる。耐病性が弱く、黒星病で落葉した場合には枝が枯れ込み株が衰退しやすく、風通しの悪いベランダなどでは、うどんこ病に悩まされる。定期的な薬剤散布が必要。強剪定を避け、日照や土壌の条件のよい場所に植栽するとよい。

F／四季咲き／花径約7cm

織部

Oribe

【作出年】1995年　【作出国】日本
【作出者】田頭数蔵
【交配親】Souvenance×Remember Me

銅色がかった茶色に、外弁は紫がかったピンクを帯びた渋く美しい色彩。花弁の裏の色が濃く、花色は季節によって変化しやすい。花弁数が多く、重厚な印象の半剣弁高芯咲き。主に一輪で開花し、花数はやや少ない。花保ちがよく微香。花枝が長く、枝ぶりが粗く、株のまとまりが悪い。半直立性で、樹高約1.3ｍの株に生育。耐暑性が弱く、関東地方以西の平地では下葉が黄変・落葉することが多く、落葉によって生育が停止する。西日の当たる場所を避けて栽培する必要がある。樹勢は中程度で、耐病性がやや弱いので、定期的な薬剤散布が必要。姉妹品種に'トワイライト'（Twilight）があり、花色は似るものの本品種より色合いが淡く、花も小ぶり。夏に落葉することはなく、本品種よりは育てやすい。

HT／四季咲き／花径約13cm

クイーン・バガテル

Queen Bagatelle

【作出年】2005年 【作出国】日本 【作出者】寺西菊雄

ひと際、目の覚めるような鮮やかなオレンジ色の半剣弁高芯咲き。オレンジ色の美しさでは現時点でも'ヴァヴーム'と並ぶ最高の品種。数輪の房で開花し、花付きがよい。花保ちがよく、花弁質も優れる。微香。花枝はやや細く、小葉で、茎葉には赤みがある。半直立性の樹高約1mの株に生育し、まとまりもよく、鉢植えにも向く。樹勢がやや弱く、生育が緩慢。耐病性が弱く、黒星病で落葉すると枝が枯れ込み、株が衰退しやすい。定期的な薬剤散布が必要で、強剪定を避け、日照や土壌の条件のよい場所に植栽するとよい。

HT／四季咲き／花径約8cm

ヴァヴーム
Vavoom (WEKjutono)

明るい色彩で香りがよいが、花数がやや少ない。枝にはトゲが多い。樹勢は中程度だが耐病性がやや弱い。

ロマンティック・ジュリア
Romantic Julia (ZENharomajuli)

黄土色の枝変わりで、葉がやや小さい。

ジュリア（ジュリアズ・ローズ）

Julia (Julia's Rose)

【作出年】1980年 【作出国】イギリス
【作出者】William E. Tysterman
【交配親】Blue Moon×Dr. A. J. Verhage

季節によって微妙に変化する茶色の波状弁で、細くしなやかな枝に咲く姿は繊細で美しい。数輪の房で開花し、花付きがとてもよい。花保ちはやや悪く、ティー系の中香。花弁は雨でも傷みにくい。直立性の樹高約1.3mのすらりとした株に生育する。枝の寿命がやや短く、その分シュートの発生は多い。耐暑性がやや弱く、関東地方以西の平地では下葉が黄変・落葉することが多いので、西日の当たる場所を避けて栽培する必要がある。樹勢は中程度で、耐病性（特に黒星病）が弱いので、定期的な薬剤散布が必要。枝変わりに'ロマンティック・ジュリア'や'アフタヌーン・ティー'(Afternoon Tea)など数品種があり、花色以外の性質は本品種とほぼ同等。つる性の'つる ジュリア'(Julia, Climbing)（弱い返り咲き）もあり、樹勢が強い分だけ育てやすい。

HT／四季咲き／花径約10cm

CHAPTER
7

期待される
これからのバラ

世に送り出されて20年は経過していないけれど、
この品種は将来が期待できるのではないかと
私が思っている品種を、
独自の判断で選びました。
個性豊かな美しい品種や
耐病性に優れた育てやすい品種など様々です。

Page. 120 → 147

インドラ

Indra

【作出年】2011年
【作出国】日本
【作出者】寺西菊雄

山吹色の波状弁で、年間を通じて花色は安定している。花保ちがよく、花弁が強く雨などで傷みにくいので、長期間美しい状態を保つ。花は数輪の房咲きになり、花付きがとてもよい。微香。側蕾は中心の花よりもやや高い位置で開花する。春以降の開花の繰り返しも安定している。枝は細めですらりと直立に伸長し、樹勢はやや強く、高さ約1.4mの株に生育する。耐病性は中程度のため、一定の防除をすることで順調に生育する。

HT／四季咲き／花径約8cm

アンゲリカ

Angelika

【作出年】2008年　【作出国】日本　【作出者】吉池貞藏
【交配親】English Heritage の実生×Amber Queen

アプリコット色のロゼット咲きで、気温の低い時期ほどカップ咲きになる。開花後に花色は淡くなり、花弁質が優れ雨に強い。数輪の房咲きになり、花付きがとてもよい。早咲き性で開花のサイクルが短く、繰り返し開花し、秋の花付きもよい。フルーティーな強香。半直立性のコンパクトな株で、高さ約0.8ｍに生育し、鉢植えに適する。兄弟品種として'真宙'と'風香'があり、同様にフルーティーな強香品種だが性質は異なる。'真宙'は美しく整ったカップ咲き。直立性のシュラブで樹高は約1.5ｍまで伸び、枝が細くしなやかなので、花の重みで姿が乱れやすく、株のまとまりに欠ける。また雨で花弁にシミができやすく、うどんこ病にも注意が必要。'風香'は直立性のシュラブで樹高約1.5ｍまで生育。枝が堅いので株姿は乱れず、花弁質も優れ雨に強い。いずれも耐病性は中程度なので、一定の防除をすることで順調に生育する。

Ｆ／四季咲き／花径約6〜7㎝

真宙
Masora

風香
Fuka

ハニー・ディジョン

Honey Dijon (WEKsproulses)

【作出年】2005年　【作出国】アメリカ
【作出者】James A. Sproul
【交配親】Stainless Steel×Singin' in the Rain

黄土色の半剣弁高芯咲き。気温による色彩の変動は少なく、開花後に淡く変化する。花弁質が優れていて雨に強く、花保ちもよい。主に一輪もしくは2〜3輪の房咲きで開花。花付きは中程度で微香。茶系の品種は性質が弱いものが多いが、その中では樹勢が強く、半直立性の高さ約1.4ｍの立派な株に生育する。耐病性は中程度のため、一定の防除をすることで順調に生育する。

Ｇｒ／四季咲き／花径約10〜12㎝

サンセット・グロウ

Sunset Glow (CHEwalibaba)

【作出年】2010年　【作出国】イギリス
【作出者】Christopher H. Warner
【交配親】Alfresco×(New Year×Baby Love)

銅色がかったオレンジ色で、高温期はやや桃色を帯びた花色になる。波状弁の花は開花後数日ではらりと散るが、花弁質が優れ雨で傷むことはない。数輪から大きめの房で開花し、花付きがとてもよい。開花はやや晩生で青リンゴのようなよい香りがあり、気温が低い時ほど強く香る。春以降も適宜返り咲くが、その頻度はやや低い。シュートは約2～3m伸び、枝は細めで誘引しやすい。中～大きめのフェンスやオベリスクなどに向く。シュートが比較的発生しやすい。病害などで落葉させなくても枝がやや木質化しにくいが、冬季に枯れ込むことはあまりない。開花はシュートの先端に集中しがちなので段差剪定が必要。花枝は長めで花首がうつむく。耐病性に優れていて減農薬栽培でも十分に生育する。

LCl／返り咲き／花径約6cm

イージー・タイム

Easy Time (HARpageant)

【作出年】2010年　【作出国】イギリス
【作出者】Harkness
【交配親】(Queen Charlotte×Dalla Balfour)×Baby Love

オレンジ色で、時に外弁が赤や桃色を帯びることがある。花色は気温によってやや変化しやすく、低温期ほど濃くはっきりしたオレンジ色になる。やや波を打った丸弁高芯咲きから平咲きで、中程度のティー系の香りがある。数輪の房になって開花し、花付きがとてもよい。花弁質が優れ雨でも傷まず、花保ちがよく、長期間花を観賞できる。早咲き性で開花サイクルがとても早く、年間当たりの開花数が多い。株は半横張りでまとまりがよく、樹高約1.2mとコンパクトで鉢植えに向く。耐病性はあるが、一定の防除をするほうが順調に生育する。

F／四季咲き／花径約7～8cm

チョコレート・サンデー

Chocolate Sundae (MEIkanebier)

【作出年】2009年 【作出国】フランス
【作出者】Meilland
【交配親】(Centenaire de Lourdes×Duck of Windsor)×Terracotta

濃赤茶色の半剣弁から丸弁抱え咲き。花色は気温によって変化し、高温期は朱色になる。花保ちはよく、花弁質が優れ雨で傷みにくい。微香。数輪の房咲きで花付きは中程度。春以降もよく返り咲く。シュートは約2～3mで、太く堅く誘引に苦労する。中型から大きめのフェンスに向く。シュートが発生しやすく、開花はシュートの先端に集中するので段差剪定が必要。花枝は長め。冬季にブッシュ・ローズのように切り詰めても開花する。耐病性は中程度で、一定の防除をすることで順調に生育する。性質のよく似た品種として次の5品種があり、'テラコッタ'と'ブラウニー'、'カラーブレイク'、'ホット・チョコレート'は本品種と同じ系統に属するが、'ホット・ココア'は別系統。

LCl／四季～返り咲き／花径約8～9cm

テラコッタ（チョコレート・プリンス）
Terracotta (Chocolate Prince) (SIMchoca)

'チョコレート・サンデー'よりも明るい色調で、花型は丸弁平咲きから高芯咲き。その他の性質はほぼ同じで花径約8～9cm。

ホット・ココア
Hot Cocoa (WEKpaltlez)

丸弁抱え咲き。本品種は海外では'ホット・チョコレート'の名で流通することがあるので混同されやすい。花径約6〜7cm。他品種よりも耐病性に優れる。

ブラウニー（チョコレート・リップルス）
Brownie (Chocolate Ripples) (SIMstripe)

珍しい茶系の絞り。丸弁抱え咲きで花径約6〜7cm。花枝が短く、まとまりよく咲くが枝にトゲが多い。

カラーブレイク（ブラウン・ヴェルヴェット）
Colourbreak (Brown Velvet) (MACultra)

丸弁平咲きで、花径約6cm。オセアニアで広く栽培される。花枝が短く、つるバラとして優れる。

ホット・チョコレート
Hot Chocolate (SIMcho)

'カラーブレイク'よりも明るい色調。花径約6cmで、この中で最も早く作出された品種。花枝が短く、つるバラとして優れる。

真夜

Mayo (ZENfumayo)

【作出年】2010年　【作出国】日本
【作出者】河合伸志
【交配親】Barcelona×Old Port

濃黒赤紫色で気温が低い時ほど黒味を増すが、条件によっては花弁が日焼けする。早咲き性で気温の低い時期に開花するため、同色系の他品種よりも発色がよく、開花後に紫色に変化する。丸弁から半剣弁高芯咲きから抱え咲きで、強く上質なダマスク系の香りがある。花弁質はよく、雨でも傷みにくく花保ちがよい。数輪の房咲きになり、花付きがとてもよい。春以降もよく返り咲く。やや耐暑性が弱く、猛暑日が続くと時に下葉が黄変し落葉することもある。枝は細目でしなやかさがあり、黒系の品種としては珍しくトゲが少ない。半横張り性の樹高約1.4mの株に生育する。耐病性は中程度のため一定の防除をすることで、順調に生育する。

F／四季咲き／花径6〜7cm

ベルベティ・トワイライト

Velvety Twilight (ZENfukeiko-y)

【作出年】2010年　【作出国】日本
【作出者】河合伸志
【交配親】Barcelona×Purple Splender

濃赤紫色で、気温が低い時ほど黒味が増す。早咲き性で気温の低い時期に開花するため、同色系の他品種よりも発色がよく、開花後に紫色に変化。波状弁咲きで中心にボタン・アイが現れることもある。花にはティー香を含むダマスク系の強い香り。花弁質はよく、雨でも傷みにくく花保ちがよい。一輪もしくは数輪の房になって開花し、花付きは中程度。十分に肥培しないと、二番花以降の花上がりが悪くなる。枝はトゲが多く、半直立性の樹高約1mのコンパクトな株に生育し、鉢植えに向く。耐病性は中程度のため一定の防除をすることで、順調に生育する。命名はマルチ・プロダクツ・デザイナーの吉谷桂子さんによるもの。

F／四季咲き／花径約7〜8cm

グレーフィン・ディアナ

Gräfin Diana (KORdiagraf)

【作出年】2012年　【作出国】ドイツ
【作出者】Kordes
【交配親】実生×実生

濃黒赤紫色の半剣弁高芯咲きから抱え咲きで、花色は気温が高い時期はやや明るくなる。ティー香とダマスク香がミックスされた中〜強香で、花保ちは中程度。HT系としてはやや小ぶりの花で、立派な枝葉に比べてやや小さく全体的に少しアンバランス。枝はトゲが多く太めで、強く横に張り出すように伸びる。樹勢がとても強く、樹高約1.4mの大株に生育し、若いうちは株のまとまりがやや悪い。遅咲き品種のため、花後の剪定は浅めにしたほうが二番花の花枝が短くなり次の花が早く咲く。耐病性にとても優れ、無農薬栽培や減農薬栽培でも十分に生育する。

HT／四季咲き／花径7cm

ペレニアル・ブルー
Perennial Blue (Mehblue)
秋には小さなローズ・ヒップが結実する。

アイヴァンホー

Ivanhoe (CHEwpurplex)

【作出年】2009年
【作出国】イギリス
【作出者】Christopher H. Warner

赤紫色の丸弁平咲きで、開花後に紫色に変化し、気温が低いほど濃く鮮やかな色になる。ダマスク香を含む強めのスパイス香。花は大房で開花し、花付きがとてもよく花保ちもよい。遅咲き。春以降も返り咲くが、頻度は低い。枝は細めでしなやかで、シュートは約3〜4m伸長して発生も多い。中〜大きめの壁面、アーチ、オベリスクと用途が広い。'ペレニアル・ブルー'は本品種と特性がよく似るが、花が約3cmと小ぶりで葉も小さい。花色は本品種より淡く気温が高いと桃色が強く現れる。中程度のスパイス香。ハダニにやや注意が必要。両品種ともP.73で紹介している既存の紫系のランブラーと比較すると、耐病性が大幅に向上しており、減農薬でも十分に栽培可能。

LCl／返り咲き／花径約5cm

サラマンダー

Salamander (ZENtusplash)

【作出年】2016年　【作出国】日本
【作出者】河合伸志
【交配親】Fourth of July×Grimaldi

白地や淡赤地に赤の絞りが入り、中心はやや白く色が抜ける。交配親の'フォース・オブ・ジュライ'よりも鮮明な色合いで、蛍光を放つ色彩はインパクトが強い。低温期の色彩は白地が強く現れる。数輪から大房で開花し、花付きがとてもよい。春以降もよく返り咲き、花保ちもとてもよい。シュートは最長で約2.5mの伸長で、太さや堅さは中程度。フェンスやオベリスク、アーチなど用途が比較的広い。伸びた枝に比較的まんべんなく花を咲かせるが、段差剪定をしたほうがより全体に花が咲く。古くなった幹は灰褐色に変化し、表皮が荒れてくるが生育上は特に問題がない。耐病性はやや強いが、一定の防除をしたほうが順調に生育する。

LCl／四季〜返り咲き／花径約7cm

パローレ

Parole (KORbilant)

【作出年】2001年
【作出国】ドイツ
【作出者】Kordes

スイート・パローレ
Sweet Parole(KORspobux)

蛍光を放つような鮮明なローズ色の巨大輪で存在感がある。巨大輪の品種としては珍しく、しまりのあるキリリとした花形で、開く過程でも花形が崩れにくい。花弁質は優れ、雨などでも傷みにくい。花には強いダマスク香があり、花保ちは中程度。巨大輪の品種としては花付きが優れている。半直立性の中程度の株に生育し、株のまとまりもよく、鉢植えでの栽培も可能。樹勢は中程度で耐病性はやや強いが、一定の防除をしたほうが順調に生育する。枝変わりにピンク色の'スイート・パローレ'があり、花色以外の性質はほぼ親品種と同等。本項の2品種は巨大輪品種の中では、現時点で最も優れた品種の一つ。

HT／四季咲き／花径約15cm

ラ・マリエ

La Mariée

【作出年】2009年
【作出国】日本
【作出者】河本純子

青みを感じる淡桃色の波状弁咲きで、花弁の縁には細やかなフリルが入る。数輪の房咲きになることが多く、花付きがとてもよい。開花後に花色はやや淡くなる。花保ちがよくティー系の強香がある。枝はしっかりとしていて、半直立性のまとまりのよい株に生育し、鉢植えにも向く。'サイレント・ラブ'は同じ作出者による品種で、花色や雰囲気が本品種とよく似るが、花はやや小ぶりで弁先にフリルが入らない。同様に花付きと花保ちがよく、ティー系の強香を放つ。枝はトゲが少なく、しなやかさがあり、株姿は柔らかさを感じさせるが、まとまりの点ではやや劣る。いずれも耐病性は中程度なので、一定の防除をしたほうが順調に生育する。

HT／四季咲き／花径約10cm

サイレント・ラブ
Silent Love

ラ・ローズ・ドゥ・モリナール

La Rose de Molinard (DELgrarose)

【作出年】2009年　【作出国】フランス
【作出者】Delbard
【交配親】Centenaire de Lourdes×Lasting Love

サーモンを含んだローズ色のカップ咲き。数輪の房で開花し、花付きがとてもよい。花にはフルーティーな強い香りがあり、香料メーカーの名を冠するだけあって、その質も高く評価されている。花保ちはよいが花弁がやや弱く、雨続きなどの場合は傷むことがある。春以降もよく返り咲き、秋の花付きもシュラブとしては安定しているが、秋バラを多く咲かせるために、夏の剪定を早めに行う必要がある。樹勢が非常に強く、花枝は伸びながらやや弧を描くように広がり、大株に生育する。小型のつるバラとしてフェンスなどで扱うこともできるが花枝が長い。葉は光沢の強い照り葉で耐病性に優れ、減農薬でも十分に栽培可能。

S／四季〜返り咲き／花径約7cm

ラプソディ・イン・ブルー

Rhapsody in Blue (Frantasia)

【作出年】2000年　【作出国】イギリス
【作出者】Frank R. Cowlishaw
【交配親】Summer Wine×(International Herald Tribune×((Blue Moon×Montezuma)×(Violacea×Montezuma)))

青みの強い赤紫色で、開花後により覚めた色彩になる。作出当時その斬新な色彩は世界を驚かせた。大きめの房で開花し、花付きがとてもよいが数日で散る。強いスパイス香があり、春以降もよく返り咲く。耐暑性が弱く、平地では高温期に生育の停止・新芽の萎縮・落葉や枝枯れが発生する。植え付け場所は西日を避け、鉢植えは高温期に半日陰へ移動するのがよい。また、秋になってから十分に肥培すると、樹勢が強いので一気に復活する。シュートの発生が多いが、その分枝の寿命も短い。小型のフェンスなどに誘引することもできる。耐病性はやや強いが、一定の防除をしたほうが順調に生育する。本品種を交配親に本項にあるような様々な品種が作出されている。

S／四季〜返り咲き／花径約6cm

スイート・セレナーデ
Sweet Serenade

同等の色彩だが花弁数がやや少なく、微香。より直立高性のシュラブで四季〜返り咲き。耐暑性が強い。

ミステリューズ
Mystérieuse (DORmyst)

弁数が多いが色は赤みが強い。香りはより強香。直立性のシュラブに生育。耐暑性が弱い。四季〜返り咲き。

ソニャドール
Soñador (DIClucro)

色は赤みが強く、強香。やや大型のつる樹形に生育。四季〜返り咲き。

ブルース・ハープ
Blues Harp

赤みがかなり強い。中香。高性のシュラブで四季〜返り咲き。耐暑性が強い。

プリンセス・シヴィル・ドゥ・ルクセンブルク
Princesse Sibilla de Luxembourg (ORAfantanov)

色は赤みが強く、より大きなシュラブに生育。強香。耐暑性があり本項の中では最も丈夫。四季〜返り咲き。

マジェンタ・スカイ
Magenta Sky (INTerjagensky)

赤みが強く、直立性のシュラブに生育。本項の中では唯一花保ちに優れる。強香。四季〜返り咲き。

パープル・スプラッシュ
Purple Splash (WEKspitrib)

珍しい紫系の絞り。微香。中程度のつる性樹形に生育。返り咲き。

いおり
Iori

あおい

Aoi

【作出年】2008年　【作出国】日本
【作出者】國枝啓司
【交配親】実生×Lavender Pinocchio

海老茶の花色は季節によって微妙に変化。弁先がややフリルを帯びる浅いカップ咲き。数輪から大房で開花し、花付きがとてもよい。花保ちもよく微香。春以降もよく咲き、秋の花付きもよい。枝はしなやかで、すらりと伸び、やわらかさを感じさせる横張りの樹形。樹高が低いので鉢植えにも向く。冬季の剪定は強剪定をすると株姿が乱れやすいので、浅めの剪定をし、枝数を多くして、こんもりとした姿に仕立てるとよい。樹勢は中程度。耐病性も普通なので、一定の防除をしたほうが順調に生育する。枝変わりに'いおり'、'そら'（Sora）などがあるが、そのうち花色が灰色帯びた黄土色の'いおり'がガーデン・ローズとして流通する。花色以外の特性は同じ。

F／四季咲き／花径約5cm

かおりかざり

Kaorikazari

【作出年】2012年　【作出国】日本
【作出者】國枝啓司
【交配親】実生×実生

りくほたる
Rikuhotaru

アプリコット色のカップ咲きで、開花後にやや淡い色に変化する。季節によって微妙に色合いが変化し、オレンジが強くなったりピンクが強くなったりする。数輪の房になって開花することが多く、花付きがよい。春以降もよく開花し、秋の花付きもよい。花保ちがよく花弁質が優れて雨にも傷みにくい。花にはフルーティーな強い香りがある。樹勢は中程度で、株は半直立性。中程度のまとまりのよい株に生育し、鉢植えも可能。枝変わりに淡黄色の'りくほたる'があり、花色以外の性質は同じ。いずれも耐病性は中程度で一定の防除をしたほうが順調に生育する。

HT／四季咲き／花径約7cm

エデュアール・マネ

Edouard Manet

【作出年】2016年
【作出国】フランス
【作出者】Delbard

淡黄色にはっきりとした濃ピンクの絞りで、季節によって微妙に変化する。カップ咲きで、数輪の房咲きになり花付きがよい。ティー系の中香。春以降も比較的よく返り咲く。枝はトゲが少なく、中程度の太さで比較的しなやかで誘引しやすい。花枝がやや長いが、フェンスやオベリスク、アーチなどに向く。同系系の品種に'クロード・モネ'と'マルク・シャガール'があるが、いずれも木立ち性。'マルク・シャガール'が花径約9㎝の明瞭な絞りの花を、しっかりとした枝ぶりの株に咲かせるのに対し、'クロード・モネ'はやや小ぶりで淡い色合いの絞り花で、枝葉も繊細な印象。共にティー系の中香で、耐暑性が弱く夏には下葉が落葉し、生育を停止するが、樹勢が強く秋には復活する。3品種とも耐病性があり、減農薬でも栽培可能。

S／四季〜返り咲き／花径約8㎝

クロード・モネ
Claude Monet

マルク・シャガール
Marc Chagall (DELstrirojacre)

まほろば

Mahoroba (ZENshumaho)

【作出年】2012年　【作出国】日本
【作出者】河合伸志
【交配親】Cappuccino×Florence Delattre

淡茶と紫が混ざり合う複雑な色で、季節によって微妙に変化する。カップ咲きで、数輪の房咲きになり花付きがとてもよい。一輪の花保ちは4日程度とやや悪い。季節に先駆ける早咲きで、中程度のアニスの香りがある。春以降も返り咲く。シュートは伸長約2mで枝はやや太いが、さほど堅くないので誘引は可能。花枝が短く、小型のフェンスやオベリスクなどに向く。年数の経過と共にシュートが出にくくなるが、古枝に花を咲かせるので冬の剪定・誘引時には大切に残す。冬季に木立ち性のように短く切り詰めても、まとまりのよい姿で開花する。樹勢はやや強いが、耐病性は中程度で、一定の防除をしたほうが順調に生育する。

S／返り咲き／花径約7㎝

サマー・ソング

Summer Song (Austango)

【作出年】2005年　【作出国】イギリス
【作出者】David C. H. Autin
【交配親】実生×実生

銅色を含んだ独特の色調の朱色のカップ咲き。数輪の房で咲き、花付きがよい。花保ちはやや悪い。春以降も返り咲くが、秋の花付きは少ない。ティー系の中香。枝はややしなやかですらりと半直立に伸長し、樹高約1.5mになる。夏の暑さに弱く、高温期になると新芽や葉の萎縮や落葉、枝の枯れ込みなどが生じる。地植えの場合は西日が避けられる場所に植え、鉢植えの場合は高温期に半日陰に移動させるとよい。樹勢が強く、気温が下がってから十分に肥培すると株が再生する。枝変わりに茶を帯びたオレンジ花の'キャロリン・ナイト'があり、花色以外の性質は同じ。耐病性は中程度なので、一定の防除をしたほうが順調に生育する。

S／返り咲き／花径約8cm

キャロリン・ナイト
Carolyn Knight (Austurner)

ガーデン・オブ・ロージーズ

Garden of Roses (KORfloci01)

【作出年】2007年　【作出国】ドイツ
【作出者】Kordes
【交配親】Bernstein-Rose×
((Immensee×Samling)×(Samling×Kolima))

アプリコット色のロゼット咲きで、数輪の房咲きになり、花付きがとてもよい。ティー系の中香があり、花保ちはやや悪い。やや遅咲き。春以降も秋まで繰り返し開花する。株は半横張り性で、とてもコンパクトで最大でも樹高約0.8m。枝はしっかりとして堅く、カチッとまとまり、鉢植えには最適な品種。初期生育がやや遅いが、冬季の剪定を浅めにしながら肥培していくと立派な株になる。シュートの発生は少ない。耐病性に優れ減農薬でも栽培が可能だが、節間が短く詰まっていて葉と葉の距離が近いため、一度黒星病などが発生すると広がりやすいので注意が必要。耐病性に優れた品種の多くが大きく育つ中で、本品種はコンパクトな希少な品種。

F／四季咲き／花径約11cm

モチーフ

Motif

【作出年】2016年
【作出国】日本
【作出者】河本麻記子

青みを感じさせるラヴェンダー色のセミダブル咲き。花形は浅いカップ状になることもあり、花色は季節により変化する。小ぶりな花で数輪から大房で開花し、花付きがとてもよい。花保ちもよいが、古くなると花弁や花芯が変色するので適宜摘むとよい。微香。春以降もよく返り咲く。枝葉は赤みがなく花枝は細く繊細。シュートは弓なりに横に伸び、伸長約1〜1.2mで、低いフェンスや小型のオベリスクに誘引できる。冬季の剪定で切り詰めた場合は、こんもりとした姿で開花する。樹勢はやや強いが耐病性は中程度で、黒星病で落葉した場合は冬季に枝が枯れ込みやすいので、一定の防除をしたほうが順調に生育する。

S／四季〜返り咲き／花径約5cm

ル・ブラン

Le Blanc

【作出年】2011年
【作出国】日本
【作出者】河本純子

グレーを感じさせる純白に、外弁が桃色にうっすらと染まる。波状弁咲きで弁先には細かな切れ込みが入る。ブルー系の強香。数輪の房咲きになり、花付きがよく、花保ちもとてもよい。春以降も花数が多い。枝は細くしなやかさがあり、葉は花に対しやや大きい印象。株は半直立性で、高さ約0.8mとコンパクトにまとまり、鉢植えにも向く。樹勢がやや弱く生育が緩慢なので、冬季の剪定を浅くし、体力を温存しながら株を大きく育てる必要がある。シュートは発生しにくい。枝は堅く充実しやすいので枯れ込みが少なく、見た目よりは育てやすい。耐病性は中程度なので一定の防除をしたほうが順調に生育する。

F／四季咲き／花径約8cm

トランクウィリティー

Tranquillity (AUSnoble)

【作出年】2012年
【作出国】イギリス
【作出者】David C. H. Autin

アイボリー・カラーのロゼット咲きで、数輪の房で開花し、花付きがとてもよい。花首がややうつむいて開花する。花弁質が優れ、雨で傷みにくく花保ちがよい。ティー系の中香。春以降も返り咲くが、花数が少ない。花枝は堅くしっかりとしているが、開花時には花の重みでややたわむ。シュートは斜上に約2.5m伸長し、比較的しなやかで誘引しやすい。つるバラとしての性質が優れていて、伸びた枝の元から先までまんべんなく花を咲かせ、フェンスやオベリスク、アーチなどに向く。冬季に短く切り詰めても開花する。樹勢が強く、シュートの発生が多い。耐病性は中程度なので、一定の防除をしたほうが順調に生育する。

S／返り咲き／花径約8cm

雪っ子

Yukikko

【作出年】2002年　【作出国】日本
【作出者】上山洋
【交配親】実生×淡雪

開き始めは淡桃色を帯びた白の一重咲きで、開花後に白色になる。大房になって開花し、花付きがとてもよい。花保ちはやや悪い。スパイス系の中香。春以降も繰り返し開花し、秋まで花付きがよいが、結実しやすいので花がら切りが必須。花がらを残した場合は、赤い小さな実を多数楽しむことができる。横張り性の樹形で、節間が短く樹高約0.8mとコンパクトで、株型はややまとまりにくい。樹勢は中程度だが伸びが遅いので、冬季の剪定を浅くし、体力を温存しながら株を大きく育てる必要がある。シュートが発生しにくく、年数を経過した株はゴツゴツとした株姿になる。耐病性に優れ、減農薬栽培でも十分に生育する。

S／四季咲き／花径3cm

ボレロ

Bolero (MEIdelweis)

【作出年】2004年　【作出国】フランス
【作出者】Meilland
【交配親】(Kimono×Sharifa Asma)× Centenaire de Lourdes

淡ピンクを帯びた白のカップ咲きからロゼット咲きで、ピンク色の出方は季節によって微妙に変化する。花は一輪もしくは数輪の房咲きになり、花付きがとてもよい。花保ちもよく、強いフルーティーな香りがある。春以降も繰り返し開花し、秋の花付きもよい。枝は細めでしなやかさがあり、ややトゲが多い。分枝がよく、樹高約1mのコンパクトでまとまりのよい株に生育する。鉢植えには最適な品種。樹勢は中程度だが初期生育がやや遅いので、冬季の剪定を浅くし、体力を温存しながら株を大きく育てる必要がある。耐病性は多少あるが、一定の防除をしたほうが順調に生育する。

F／四季咲き／花径約7cm

ブルー・フォー・ユー

Blue for You (PEJamblue)

【作出年】2007年　【作出国】イギリス
【作出者】Peter J. James
【交配親】Natural Beauty×(Summer Wine×SCRivbell)

灰色を帯びた青紫色で、気温により花色が変化し、ピンクや白で咲くこともある。総じて涼しい気候ほど青みが強くなる。花は数輪から大房で開花し、花付きがとてもよいが花保ちはやや悪い。スパイス香とブルー系の香りがミックスした中程度の香り。春以降も返り咲くが、関東地方以西の平地では桃色がかった花色になり、夏秋の開花は少ない。涼しい地域ではよく返り咲き、色彩も比較的安定する。枝は中程度の太さでトゲが多く、節間が短く堅い。半横張り性で、樹高約0.8mのコンパクトでがっしりとした株に生育する。鉢植えにも向く。シュートは半直立に約1.2m伸び、樹勢が強く、シュートの発生も多い。耐病性に優れ、減農薬栽培にも向く。

S／四季～返り咲き／花径約7cm

アイズ・フォー・ユー

Eyes for You (PEJbigeye)

【作出年】2009年　【作出国】イギリス　【作出者】Peter J. James
【交配親】Blue for You×Bowral's Rose

ライラック色に赤桃色のブロッチが入り、気温が低い時期は色が濃くなりブロッチも大きく入る。印象的なブロッチは乾燥地に自生するロサ・ペルシカ（*Rosa persica*）に由来し、2000年前後にこのタイプの品種が次々と作出され、本品種は最も優れた品種の一つ。半八重咲きで、数輪から大房で開花し花付きがとてもよい。花保ちはやや悪い。強いスパイス香で、低温の時期もよく香る。春以降も繰り返し開花し、秋の花付きもよい。枝は中程度の太さでトゲが多く、節間が短く堅い。半横張り性で、樹高約0.8mのコンパクトでがっしりとした株に生育する。樹勢は中程度。伸びにくいので冬季の剪定を浅くし、体力を温存しながら株を大きく育てる必要がある。鉢植えにも向く。耐病性に優れ、減農薬栽培にも向く。

F／四季咲き／花径約7cm

'アイズ・フォー・ユー'の秋の花色。

耐病性にとても優れる。つるバラとしても仕立てられる。

アイズ・オン・ミー
Eyes on Me (CHEwsumsigns)

アイ・オブ・ザ・タイガー
Eye of the Tiger (CHEwbullsewe)

花径約4cm。耐病性にとても優れる。半横張り性のシュラブ。

フォー・ユア・アイズ・オンリー
For Your Eyes Only (CHEweyesup)

大きくブロッチが入る。連続的に開花し、耐病性に優れる品種。

スマイリング・アイズ
Smiling Eyes (CHEwrocko)

淡ピンクから白に赤目が入る。花径約4cm。耐病性にとても優れる。横張り性のシュラブ。

アメジスト・バビロン
Amethyst Babylon (INTereyruppin)

花径約6cm。つるバラとしても仕立てられる。

ハンス・ゲーネバイン

Hans Gönewein (TAN99102)

【作出年】2009年 【作出国】ドイツ
【作出者】Hans Jürgen Evers
【交配親】Bassino×Pierre de Ronsard

日本人好みの淡桃色の花は外弁から美しく、極めてよく整ったカップ咲き。数輪から大房で開花し、花付きがとてもよい。花保ちもよく、花弁質が優れ雨にも傷みにくく、最後まで美しい状態を保つ。中程度のティー系の香り。やや遅咲き。春以降も秋までよく返り咲くが、秋は到花日数が長くなり花枝も伸びるので、関東地方以西の平地の場合、夏の剪定は8月20〜25日と早めに行うとよい。横張り性で、枝は広がるように伸びる。シュートは斜上に約1.2〜1.5m伸長し、小型の構造物に誘引することも可能。樹勢が強く生育が早い。株のまとまりはやや悪いが、大きめの鉢であれば栽培可能。耐病性に優れ減農薬栽培にも向く。

S／四季〜返り咲き／花径約6cm

しのぶれど

Shinoburedo (KEIfuaredo)

【作出年】2006年 【作出国】日本
【作出者】武内俊介
【交配親】実生×Blue Bajou

青みのあるラヴェンダー色のカップ咲き。数輪の房になることが多く、花付きがよい。やや遅咲き。花保ちはよく、香りはブルー系の中〜強香。春以降も開花するが、春に比べると秋は房咲きになりにくく花数が減少する。赤みのない茎葉で、枝はトゲが少ない。半直立性の樹高約1.2mとまとまりのよい株に生育し、鉢植えにも適している。本品種の新苗は葉が小さく、見た目がやや貧相だが、生育に伴って太いシュートが発生し、フロリバンダ系らしい姿に生育する。樹勢は中程度で、耐病性も中程度なので一定の防除をしたほうが順調に生育する。

F／四季咲き／花径約8cm

レイニー・ブルー

Rainy Blue (TAN04633)

【作出年】2012年　【作出国】ドイツ
【作出者】Hans Jürgen Evers
【交配親】Ilseta×Old Port

青みの強いラヴェンダー色の丸弁平咲きで、数輪から大きめの房で開花し、花付きがとてもよい。遅咲き。花首はうつむき加減。花保ちは中程度で微香。春以降も秋まで繰り返しよく開花する。赤みのない茎葉色で、枝は細くしなやかでトゲが少ない。シュートは弓状に約1.2m伸長し、小型の構造物に誘引できる。伸びた枝を切り詰めればシュラブとしても仕立てられる。伸びたシュートの元から先まで花を咲かせ、つるバラとしての特性に優れるが、四季咲き性が強い分だけ構造物の上まで伸びるのに時間がかかる。大鉢での栽培も可能。樹勢は中程度で、耐病性も中程度なので一定の防除をしたほうが順調に生育する。

S／四季咲き／花径約5cm

夜来香

Ieraishan

【作出年】2013年　【作出国】日本　【作出者】青木宏達

澄んだラヴェンダー色の整った半剣弁高芯咲き。HT系としては小ぶりだが、花付きがよく、一輪もしくは数輪の房咲きになる。花保ちもよく、ブルー系の強い香りがある。花弁質も比較的優れ、雨でも傷みにくい。春以降も繰り返し開花し、秋の花付きもよい。枝はトゲが少なく、分枝がよく、中程度の太さで半直立性のまとまった株に生育する。樹高約1.2mで、鉢植えにも向く。樹勢は中程度で、耐病性も中程度なので、一定の防除をしたほうが順調に生育する。ブルー系の品種としては様々な特性の平均点が高い優れた品種。

HT／四季咲き／花径約8cm

ベラ・ドンナ

Bella Donna

【作出年】2010年　【作出国】日本
【作出者】岩下篤也
【交配親】未公開×Westerland

花弁の多い丸弁から半剣弁平咲きで、花芯は割れることが多い。ライラック色の花色は季節によって微妙に変化し、高温期は桃色が強くなる。数輪から大きめの房で開花することが多く、花付きがよい。満開になると花の重みで花枝がややたわみ、側蕾は花の重みでうなだれることがある。強いブルー系の香りがあり花保ちがよい。花弁質も優れ、雨でも傷みにくい。遅咲き。春以降も繰り返し開花するが、開花サイクルがやや長いので、夏の剪定は早めに行うとよい。樹勢が強く、半横張り性の樹高約1.4mの大きな株に生育する。ブルー系の品種としては耐病性に優れるほうだが、一定の防除をしたほうが順調に生育する。

HT／四季咲き／花径約10cm

ローズ・シナクティフ

Rose Synactif (DELgramau)

【作出年】2006年 【作出国】フランス
【作出者】Delbard
【交配親】Centenaire de Lourdes×
Lasting Love

ライラックがかったラヴェンダー色で、気温によって花色が変化し高温期は桃色が強く表れる。丸弁から半剣弁抱え咲きで、一番花は外弁に切れ込みが入ることがある。主に一輪もしくは数輪の房咲きで開花し、花付きがよい。花保ちは中程度でブルー系の中〜強香。花弁がやや弱く、雨で傷むことがある。春以降も秋まで繰り返し開花し、秋の花付きもよい。花枝はやや太く、横に強く張り出すように伸びる。シュートは斜上に約1〜1.2m伸長し、太く堅いので誘引には向かない。樹勢がとても強く生育が早く、樹高約1.4mの大株に生育する。耐病性があり減農薬栽培にも向く。本品種は流通名が'ル・プティ・プランス'→'エモーション・ブルー'→'ローズ・シネルジック'→'ローズ・シナクティフ'と3度改名された。

S／四季咲き／花径約10cm

パーパ・ジョン・ポールⅡ
（ヨハネ・パウロ2世）

Pope John Paul II (JACsegra)

【作出年】2007年 【作出国】アメリカ
【作出者】Keith W. Zary
【交配親】Secret×Fragrant Lace

わずかにクリームを帯びる純白色で、花色は安定している。花は美しく整った剣弁高芯咲きで、花保ちは中程度。一輪もしくは数輪の房咲きになり、花付きがとてもよい。春以降も繰り返し開花し、開花サイクルが短く秋の花付きもよい。白系のバラとしては花弁質が優れ、雨でも傷みにくい。花にはフルーティーな強い香りがある。株は半直立性で、樹高約1.2mでまとまりがよい。鉢植えも可能。耐暑性にも優れ、夏でも生育が衰えない。樹勢は中程度で、シュートの発生も中程度。耐病性はやや優れているが、一定の防除をしたほうが順調に生育する。現時点で最も優れた整形咲きの白品種で、国内では'ヨハネ・パウロ2世'の名で流通する。

HT／四季咲き／花径約11cm

ジャスミーナ

Jasmina (KORcentex)

【作出年】2006年　【作出国】ドイツ
【作出者】Kordes
【交配親】実生×Centenaire de Lourdes

小さめのカップ咲きで、ややライラックを帯びたピンク色の花は中心が濃い。数輪から大房で開花し、花付きがとてもよい。春以降も返り咲くが、開花数は少ない。花弁は雨でも傷みにくく、花保ちがとてもよい。花には青リンゴのようなティー系の中程度の香りがある。花枝はやや長く横に飛び出すので、通行の多い場所では距離を広めにとった方がよい。また花枝は花の重みでたわんで下垂するので、目線より高い位置に誘引すると効果的。伸長力もあるので、パーゴラや高めのオベリスク、アーチ、高めのフェンスなどに向く。シュートは約2.5～3m斜上に伸長し、株元からの発生が多い。樹勢がとても強く、耐病性にも優れているので、減農薬栽培に向く。

LCl／返り咲き／花径約6㎝

ビバリー

Beverly (KORpauvio)

【作出年】2008年　【作出国】ドイツ
【作出者】Kordes
【交配親】実生×Centenaire de Lourdes

ピンク色の半剣弁から剣弁の平咲きで、花は主に一輪で開花する。花付きは中程度。花にはフルーティーな強い香りがあり、芳香の質も優れている。花の開きは早く、花保ちはやや悪い。花弁質が優れ、雨でも傷みにくい。枝はトゲが少なく、ややしなやかで広がるように伸び、開帳型のシュラブに近い樹形に生育する。樹勢が強く、初期はやや株姿が暴れるが、年数の経過と共に樹高約1.4mの大株になり、株姿もまとまるようになる。シュートは年数の経過と共に発生しにくくなる。耐病性にも優れているので、減農薬栽培に向く。近年は香りと耐病性を兼ね備えた品種が増えてきているが、その中でも本品種のように香りの質まで高い品種は少ない。

HT／四季咲き／花径約10㎝

シェエラザード

Sheherazad

【作出年】2013年　【作出国】日本
【作出者】木村卓功
【交配親】ローズうらら×未公開

紫色を帯びた濃ローズ色で開花と共に紫色に変化する。花弁の裏や縁はやや白っぽく、花色は季節で微妙に変化する。弁先が尖った波状弁咲きで、フルーティーな強い香りがある。花は数輪から大きめの房で開花し、花付きがとてもよい。春以降も繰り返し開花し、開花のサイクルが短く、秋の花付きもとてもよい。また、花保ちがとてもよい。枝はトゲが少なく、やや細く繊細な印象で、花の重みで少したわむ。葉はマットな質感で小さく、全体として繊細な印象。半直立性で、樹高約1mとまとまりのよいコンパクトな株に生育し、鉢植えに最適な品種。年数の経過と共にシュートが発生しにくくなるが、古枝にもよく花を付ける。夏の暑さにも強く、休まず生育し開花する。樹勢は中程度で、冬季の剪定を浅くし体力を温存しながら株を大きく育てる必要がある。耐病性もある程度あるが、一定の防除をしたほうが順調に生育する。本品種を交配親に作出された'ペネロペイア'は、繊細な茎葉や花型、フルーティーな強い香りなど本品種のよい点を多く受け継ぐ。花色は異なり花弁の表はローズ色からサーモン・ピンクまで変化し、花弁の裏や底には黄色やアプリコット色、クリーム色が現れるなど変化が多い。樹勢は強く、半直立性のシュラブ樹形に生育するが、春以降もよく返り咲き、秋も開花する。

F／四季咲き／花径約8cm

ペネロペイア
Pēnelopeia

親品種のよい性質を受け継ぐ
期待の品種。香りも素晴らしい。

Chapter 7　期待されるこれからのバラ

ノヴァーリス

Novalis (KORfriedhar)

【作出年】2010年　【作出国】ドイツ
【作出者】Kordes
【交配親】(実生×Blue Bajou)×
(Coppélia76×Big Purple)

青みのあるラヴェンダー色で、花色は季節によって多少変化する。弁先が尖ったややカップ状の丸弁平咲き。花は数輪の房咲きになり、花付きがよい。ティー系の中程度の香りがある。花弁が弱く、雨で傷みやすい。遅咲きで春以降も繰り返し開花するが、開花サイクルが長いので花後の剪定は浅めにすると二番花の花枝が短くなり次の開花が早い。花保ちは中程度。花枝は中程度の太さで直立に伸び、ややしなやかさがある。樹高約1.4mの半直立性の大株に生育する。耐暑性が弱く、関東地方以西の平地では盛夏に生育を停止することがある。樹勢がとても強く、耐病性もとても優れ、無農薬栽培や減農薬栽培でも十分に生育する。ブルー系の品種は病気に弱いというのが長年の定説であったが、本品種はそれを覆した画期的な品種。同様に耐病性に優れたブルー・ローズとして'カインダ・ブルー'と'プラム・パーフェクト'があるが、いずれも本品種よりは耐病性がやや劣るので、一定の防除をしたほうが順調に生育する。

HT／四季咲き／花径約7cm

カインダ・ブルー
Kinda Blue (KORblaukind)

花径約8cmの青みのあるラヴェンダー色のロゼット咲きで、花弁質が優れる。数輪から大きめの房で開花。枝は太く堅い印象の樹形で樹勢が強い。微香。

プラム・パーフェクト
Plum Perfect (KORvodacom)

花径約7cmの赤みのあるラヴェンダー色のロゼット咲きで花芯が割れる。花弁質は優れている。がっちりとした樹形で樹勢も強い。微香。

玉鬘

Tamakazura (ZENtukazura)

【作出年】2016年　【作出国】日本
【作出者】河合伸志
【交配親】'珠玉'の枝変わり

淡いピンク色のコロコロとした印象の抱え咲き。花色は高温になるほど淡くなる。花は数輪から大房で開花し、花付きがとてもよく、満開時は株が花で覆われる。花保ちがとてもよく、花は雨でも傷みにくい。微香。春以降は秋に少し返り咲くが、黒星病などで葉を落とした場合でも多数の花が秋に咲く。枝は細くしなやかで誘引しやすく、アーチやフェンス、オベリスク、パーゴラ、ウィーピングと汎用性が高い。シュートはほぼ直立に約3m伸長し、伸びたシュートの元から先まで花を咲かせ、つるバラとしての特性にとても優れている。古枝は樹皮が灰白色に変化するが、生育上特に問題がない。年数が経過してもシュートの発生が多い。樹勢が強く耐病性にも優れるが、一定の防除をしたほうが順調に生育する。ハダニにはやや注意が必要。本品種は'珠玉'の枝変わりで、同じ枝変わりに'紅玉'があり、3品種は花色以外の特性はほぼ同等である。

ClPol／返り咲き／花径約3cm

紅玉
Kougyoku (ZENtukou)

濃い赤色で、茎葉も赤みを帯びる。色が濃いため、他の2品種よりも花がやや小さく見える。

珠玉
Shugyoku (ZENtushugyo)

気温が低いときは鮮明な朱橙色で、気温が高い時はサーモン・オレンジになる。

スーパー・トゥルーパー

Super Trouper (FRYleyeca)

【作出年】2008年
【作出国】イギリス
【作出者】Gareth Fryer

目の覚めるような鮮やかなオレンジ色に花弁裏は黄色で、開花と共に全体に赤みがさし、開花終盤はやや退色してくる。花は丸弁から半剣弁の高芯咲きで、花は数輪の房咲きになり花付きがとてもよい。春以降もよく返り咲き、開花サイクルが短く秋の花付きもよい。花保ちは中程度でティー系の中香。茎葉は全体的に赤みを帯びた色合い。花枝はややトゲが多く、細枝で分枝がとてもよく、密生した株立ちになる。樹高約0.8mのまとまりがよい株で、鉢植えには最適な品種。樹勢は中程度で冬季の剪定を浅くし、体力を温存しながら株を大きく育てる必要がある。特異な色彩の品種としては珍しく耐病性もそこそこあるが、一定の防除をしたほうが順調に生育する。

F／四季咲き／花径約7㎝

アプリコット・キャンディ

Apricot Candy (MEIbidull)

【作出年】2007年　【作出国】フランス　【作出者】Meilland
【交配親】(Just Joey×Midas Touch)×
(Alphonse Daudet×Glowing Peace)

アプリコット色の丸弁から半剣弁高芯咲きで、花色は気温等によって微妙に変化する。花弁の縁に細かなフリルが入ることがあり、花は左右非対称に開いていくことが多い。花の姿は交配親の'ジャスト・ジョーイ'の面影をどことなく残している。数輪の房咲きになることが多く、花付きがとてもよい。春以降もよく開花し開花サイクルが短く、秋の花付きもとてもよい。花首がうつむくことがあり、ティー系の中程度の香りがある。枝は中程度の太さで、半直立に伸びる。樹高約1.2mのまとまりがよい株に生育し、鉢植えにも向く。樹勢が強く耐病性にも優れているが、一定の防除をしたほうが順調に生育する。現在あるHT系の品種の中では総合的に優れている品種。

HT／四季咲き／花径約12㎝

上手に育てよう！
バラの栽培カレンダー

バラは春から晩秋まで生育し、冬から早春までは休眠をする樹木です。
四季の気候変化にあわせて日頃の水やりや施肥、メンテナンスの作業項目が変わります。
ここでは、関東地方以西の平地を基準にした株の様子と作業時期の目安を解説します。

| 生育期 | 4月 *April* | 5月 *May* | 6月 *June* |

バラの中でも早く咲き始める
キモッコウバラ（P.049 参照）

出蕾の時期
寒さが緩み、春が近づくと休眠していた株が生育を少しずつ始め、新芽が吹き、早咲きの品種は、4月中旬から蕾が見え始めます。

バラの開花スタート
バラの例年の開花は、南九州で5月の連休頃から始まり、関東近郊では5月中旬、東北地方では6月、北海道では7月上旬と、暖かい地方から順に北上します。写真は春に開花した 'ベルベティ・トワイライト'（P.126 参照）。

ゴマダラカミキリムシ

蕾に集まるアブラムシ

黒星病

うどんこ病

病害虫に注意
バラの生育期に伴い病害虫も活動を開始します。バラの主な害虫は、アブラムシやヨトウムシ、ゴマダラカミキリ、コガネムシ類、チュウレンジハバチなど。病気は黒星病（黒点病）やうどんこ病などに罹病します。発生したら適用のある薬剤を散布して防除しましょう。

苗の植え付け
4月下旬〜6月に苗を入手したら、なるべく早く植え付け（鉢増し）ます。地植えの場合は、直径50cm、深さ50cmの植え穴を掘って、底に有機質固形肥料と堆肥を入れながら植え付けます。鉢植えの場合は、鉢底石を入れ、バラの培養土で植え付けます。

花がらを切る
花が終わったら適宜行いましょう。房咲きは終わった花がらを順次切り、全部終わったら花枝の上部1/3を目安に切ります。大きな房咲きは、咲き終わった房ごとまとめて切ります。ローズ・ヒップを秋に楽しむ品種は、そのまま残します。

花後のお礼肥
鉢植えは一度に多くの肥料を施すことができないので、生育の様子を見ながら定期的に追肥します。一番花の後と夏の終わりには必ず施肥を。

3月中旬〜4月中旬の鉢植えの水やり
乾いたらすぐにたっぷり与えます。生育が盛んになるにつれ乾燥しやすくなるので、水切れに注意。時間帯は午前中が望ましい。

梅雨時期の黒星病
梅雨と秋雨の時期は特に黒星病に注意します。雨の多い時期は黒星病が広がりやすく、一度発生すると、またたく間に葉が落葉し、光合成ができなくなるため、著しく生育が悪化します。早期発見に努め、適切に薬剤で防除を。

July	August	September
7月	**8月**	**9月**

台風対策

台風による折れなどを防ぐために台風が来る前に、地植えの木立ち性品種は、上写真のように、まず支柱を立てて株を2、3カ所絞るように縛り、その後周囲に4本支柱を立てて、ネットで囲みます。つる性の品種は左写真のように構造物に寄せて誘引し、丈夫な紐で固定します。鉢植えは、室内に取り込むのが安全です。台風通過後は元の状態に戻しましょう。

4月中旬〜11月下旬の地植えの水やり

特に水やりの必要はありませんが、真夏に雨が降らない日が1週間続いたら、週1回のペースでたっぷりと。

株元に肥料を施す

夏の剪定と追肥

四季咲き性の品種は、8月下旬に発酵油粕などを追肥することで、夏剪定後にスムーズに芽が伸び出します。8月中旬〜9月上旬に、樹高の調整や開花期調整のために夏の剪定を行います。二番花が咲いた枝の上方が夏の剪定位置の目安。樹高が低い株はそこより上でもよい。下葉があまり残っていない株は、無理をせずに夏剪定を控えましょう。

真夏の鉢植えの置き場所

夏バテの症状が見られる株は、半日陰に移動し乾燥気味に管理。このとき西日は避けるようにします。

4月中旬〜11月下旬の鉢植えの水やり

10月中旬までは乾いたらすぐに与えます（1日に1〜2回が目安）。10月中旬〜11月下旬までは2日に1回程度。夕方に水やりをすると水分が夜間まで残ります。気温が下がると昼間よりも湿度を上げてしまうことになり、病気が発生しやすい環境をつくります。夏場の高温期以外、水やりはなるべく午前中に行い、夜間まで水分を残さないようにしましょう。

ブッシュ・ローズ限定 シュートを充実させる

開花後から伸び出すシュートは秋や翌春の主役になる枝なので、いかに充実させるかが大切です。そのために蕾が見えた時点でピンチ（枝先を摘まみ取る）をし、2段目の枝を伸ばして葉の枚数を増やし、太く充実させます。この作業は特にコンパクトな品種ほど重要です。右の写真は、ピンチ後に新しい芽が伸び出た7月上旬の様子。

| 生育期 | *October* **10**月 | *November* **11**月 | 休眠期 *December* **12**月 |

秋バラの開花

四季咲き性や返り咲き性のバラが再び咲く季節。春とは違う花色や深いカップ咲きが楽しめる品種もあります。写真上は秋に開花した'ベルベティ・トワイライト'（P.126参照）。

'禅'の秋の開花（P.110参照）

ローズ・ヒップの実り

野生種や野生種系のバラには、ローズ・ヒップが実る品種があります。春に花がらをそのままにしておくと、晩秋には赤やオレンジなどに色づきます。秋から冬の間に切り落として束ねたり、リースにして部屋に飾って楽しみましょう。

バラの大苗の流通がスタート

秋冬に流通する大苗には、鉢植え大苗（写真内右）やロング・ポット苗（写真内中央）、裸苗（写真内左）の形態があります。P.154〜155でご紹介のバラのナーセリーで購入ができます。

鉢替え

鉢で育てているバラは11〜2月のなるべく早い時期に根鉢を崩して植え替えましょう。可能であれば毎年、多少でも土を替えたほうが生育がよくなります。

大苗の植え付け

大苗を入手したら、なるべく早く植え付けます。地植えの場合は、直径50㎝、深さ50㎝の植え穴を掘って有機質固形肥料と堆肥を入れながら植え付けます。植え付け後は不織布を巻いて必ず防寒を。鉢植えの場合は、鉢底石を入れ、バラの培養土で植え付けます。植え付け後は陽だまりになる場所に置いて管理します。左写真はプラスチック製の7号鉢に苗を植え付けている様子。

January **1月**　　　*February* **2月**　　　*March* **3月**

つる樹形の剪定・誘引

12月中旬から作業ができます。なるべく早く行い、芽が動き出す前（1月中旬が目安）に作業を終了します。誘引は立っている枝をなるべく水平に寝かせるのが基本で、オベリスクでは、らせんを描くように、アーチではS字をイメージしながら枝を曲げて固定します。上写真は、剪定を終え、木製フェンスにつるを誘引をした'ガラシャ'（P.040参照）。

剪定前　　　　　　　　剪定後

木立ち性樹形＆半つる性樹形の剪定

つる性バラの剪定・誘引の作業が終わってから開始します。12月中旬〜2月中に完了しましょう。樹高が高くなる品種は強く切り、樹高が低い品種は透かすように小枝を切ることを中心に軽く切り詰めます。弱っている株は体力を温存するために、なるべく切らないようにします。写真はコンパクトに生育する木立ち性の'イヴ・ピアジェ'（P.116参照）。

庭の掃除

全ての剪定、誘引、施肥が終わったら枯れ葉や落ち葉などをきれいに掃除して冬のバラのお手入れは終了。

剪定前　　　　剪定後

鉢植えバラの剪定

12月中旬から作業ができます。鉢植えバラは、鉢の分だけ高さがあり、また鉢とのバランスを考慮すると、地植えの株よりもやや強めに剪定したほうが、開花期の姿がよくなります。写真は剪定前（左）と剪定後（右）の'ロズマリン'89'。

施肥（寒肥）

2月に発酵油粕などを寒肥として規定量与えます。基本的には全ての株に与えますが、生育旺盛で困っているつる性品種などには施しません。鉢植えは有機質固形肥料などを鉢の縁に置きますが、一度に多くの肥料を施すことができないので、成長の様子を見ながらこまめに追肥します。

バラの銘花に会いに行こう！
河合伸志にゆかりのある日本のバラ園

神奈川県
横浜イングリッシュガーデン

〒220-0024 神奈川県横浜市西区西平沼町 6-1 tvk ecom park
TEL 045-326-3670
http://www.y-eg.jp/

バラが咲き乱れる美しいイングリッシュガーデン

2012年から河合伸志がスーパーバイザーとしてガーデンデザイン、植栽管理を担当するイングリッシュガーデン。園内は5つのコンセプトに分かれ、白を基調にしたガーデンやアンティークな色合いが印象的な植物を集めたエリアなど、カラースキームにもこだわった色彩豊かなガーデンシーンが広がる。2018年には「世界バラ会連合」より優秀庭園賞を受賞。

| 株数: | 約2,000株 | 春の見頃:5月～6月中旬頃 |
| 品種数: | 約1,800種 | 秋の見頃:10月中旬～11月中旬頃 |

見頃期の開園時間◆ 10:00～18:00（最終入園 17:30）

入園料　大人 500～1,000円
　　　　子ども（小・中学生）200～400円　未就学児無料
　　　　※季節により変動（詳細はお問い合わせください）
　　　　団体割引、障がい者割引、割引提携あり

新潟県
国営越後丘陵公園　香りのばら園

〒940-2082 新潟県長岡市宮本東方町字三ツ又 1950-1
TEL 0258-47-8001
http://echigo-park.jp/

豊かな香りと歴史に包まれるバラの庭

香りをテーマにした寒冷地のバラ園。バラの香りを学びつつ、美しいバラを堪能できる管理水準が高いガーデン。世界で2カ所しか行っていない「香りの新品種コンクール」を開催している。他に宿根草とバラが調和するエリアや殿堂入り品種なども植栽されるなど、幅広いコンセプトに応じたバラを知ることができる。河合伸志は、「ばらと草花のエリア」の植栽をアドバイス。

| 株数: | 約2,400株 | 春の見頃:5月下旬～6月中旬 |
| 品種数: | 約730種 | 秋の見頃:10月上旬～下旬 |

見頃期の開園時間◆ 9:30～18:00（春）、9:30～17:00（秋）

入園料　大人 450円　子ども（中学生以下）無料
　　　　シルバー（65歳以上）210円
　　　　団体割引、障がい者割引、パスポート購入割引あり

バラと宿根草が織りなす7つのガーデンシーン

心を癒やす7つのシーンと7つのバラの物語をテーマに、バラの天蓋やロングボーダー、ラビリンスなどバラエティに富んだ美しい景色が広がり、外国を思わすような風景が楽しめる。シンボルローズ'シェアリング・ア・ハピネス'の群植や、古木を伝うバラの仕立てもユニーク。河合伸志は、バラの植栽デザインと、管理アドバイスを担当。

群馬県
東武トレジャーガーデン

〒374-0033 群馬県館林市堀工町1050
TEL 0276-55-0750
http://treasuregarden.jp/

| 株数： | 約 3,000 株 | 春の見頃： | 5月上旬～6月下旬 |
| 品種数： | 約 1,500 種 | 秋の見頃： | 10月上旬～11月上旬 |

見頃期の開園時間◆ 9:00～17:00（入園は 16:30 まで）

入園料　大人 500～1,800円　子ども（小学生）200～800円　未就学児無料　※季節により変動
団体割引、シニア割引、障がい者割引あり

2018年オープン！色鮮やかなローズガーデン

あしかがフラワーパークの大藤移植で知られる塚本こなみ氏がプロデュースする12万㎡の敷地に広がる中之条ガーデンズ。その中にあるローズガーデンは、モダンジャパニーズガーデンやホワイトガーデンなど異なる7つのテーマで構成され、標高の高さによる花の発色のよさ、バラと構造物の組み合わせが見どころ。河合伸志は、バラを中心とした植栽表現を担当。

群馬県
中之条ガーデンズ

〒377-0433 群馬県吾妻郡中之条町大字折田2411
TEL 0279-75-7111
https://www.town.nakanojo.gunma.jp/garden/n-gardens/index.html

| 株数： | 約 1,000 株 | 見頃： | 5月下旬～10月中旬 |
| 品種数： | 約 300 種 | | |

見頃期の開園時間◆ 9:00～17:00（入園は 16:30 まで）

温暖な土地に多くの品種が育つ最南端のバラ園

8haの広大な敷地を誇る日本最大規模のバラ園。「イングリッシュローズガーデン」や「カラーガーデン」、「フェアリーガーデン」など、9つのテーマガーデンに、オリジナルのバラ'プリンセスかのや'（写真右）をはじめ、大隅半島の山並みを背景に温暖な鹿児島県の地で育つ数々のバラに出会える。横浜イングリッシュガーデンとの友好協定を記念して作庭された「友好ガーデン」は、河合伸志がデザイン監修を行った。

鹿児島県
かのやばら園

〒893-0053 鹿児島県鹿屋市浜田町1250　TEL 0994-40-2170（かのやばら園）
TEL 0994-41-8718（NPO法人ローズリングかのや）
http://www.baranomachi.jp/

| 株数： | 約 35,000 株 | 春の見頃： | 4月下旬～6月中旬 |
| 品種数： | 約 1,500 種 | 秋の見頃： | 11月上旬～12月 |

開園時間◆ 9:00～17:00

入園料　大人 620円　小中高生 110円　※開花状況により入園料の変更あり　団体割引、障がい者割引あり

バラの銘花を買いに行こう！
本書に登場したバラの苗が購入できるナーセリー

本書に登場したバラをはじめ、国内外で作出されたバラや野生種、オール・ドローズなど、バラの苗を取り扱う14のショップをご紹介します。苗などのご購入は店頭、またはネット通販、カタログ注文、FAXにてお取り寄せいただけます。

栃木県

コピスガーデン　大森プランツ

〒325-0001　栃木県那須郡那須町高久甲4453-27
TEL 0120-377-228

主な取扱ブランド：ドミニク・マサドやギヨー、禅ローズ、イングリッシュ・ローズ、ワーナーなど国内外のブランドローズのほか、クレマチスやクリスマスローズなどの宿根草、球根、ガーデン資材など

購入方法：ネット通販：—　カタログ注文：—　店舗販売：〇　FAX：—

埼玉県

バラの家

〒345-0024　埼玉県北葛飾郡杉戸町堤根4425-1
TEL 0480-35-1187（店舗）
https://www.rakuten.co.jp/baranoie/（ウェブショップ）

主な取扱ブランド：ロサ・オリエンティス、F&G ROSE、河本バラ園、禅ローズ、アンドレ・エヴ、イングリッシュ・ローズ、ギヨー、ピーター・ビールスなど国内外のブランドローズ2,000種以上を扱うほか、バラ栽培資材など

購入方法：ネット通販：〇　カタログ注文：—　店舗販売：〇　FAX：〇

千葉県

京成バラ園

〒276-0046　千葉県八千代市大和田新田755
TEL 047-450-4752　http://www.keiseirose.co.jp/garden（店舗）
http://ec.keiseirose.co.jp/（ウェブショップ）

主な取扱ブランド：京成バラ園芸、メイアン、コルデス、タンタウなど国内外のブランドローズのほか、クレマチスなどの宿根草、球根類、園芸資材など

購入方法：ネット通販：〇　カタログ通販：〇　店舗販売：〇　FAX：〇

東京都

篠宮バラ園

〒203-0023　東京都東久留米市南沢4-1-7
TEL 042-459-1155　※店舗販売は、4月中旬〜6月上旬のみ開店
https://shinomiya-rose.com/

主な取扱ブランド：イングリッシュ・ローズやデルバール、メイアン、コルデス、河本バラ園、京成バラ園芸、ロサ・オリエンティスなど国内外のブランドローズを幅広く取り扱う

購入方法：ネット通販：〇　カタログ注文：—　店舗販売：〇　FAX：〇

山梨県

コマツガーデン　ROSA VERTE

〒409-3862　山梨県中巨摩郡昭和町上河東1323-2
TEL 055-287-8758　FAX 055-262-7414　http://www.komatsugarden.co.jp/
http://www.komatsugarden-online.com/（ウェブショップ）

主な取扱ブランド：コマツガーデンオリジナル、ミニバラや国産スタンダードローズ、ピーター・ビールス、イングリッシュ・ローズ、デルバール、メイアン、コルデス、京成バラ園芸、京阪園芸、禅ローズ、ローズドゥメルスリー、ゴジャールなど

購入方法：ネット通販：〇　カタログ注文：〇　店舗販売：〇　FAX：〇

長野県

姫野ばら園八ヶ岳農場

〒399-0101　長野県諏訪郡富士見町境9700
TEL 0266-61-8800
https://himenobaraen.jp/

主な取扱ブランド：原種・原種系交雑種、国内では取り扱いの少ない古い時代のバラをはじめ、オールド・ローズ、ランブラー・ローズなどの風景になるつるバラも多種取り扱う

購入方法：ネット通販：〇　カタログ注文：〇　店舗販売：—　FAX：〇

愛知県

花ごころ

〒454-0911　愛知県名古屋市中川区高畑1-52　TEL 052-369-0080
http://hanagokoro.co.jp/（花ごころ）http://www.delbard-japon.com/（デルバールジャポン）
https://www.hanahana-shop.com/（ウェブショップ）

主な取扱ブランド：デルバール、河本バラ園、ドリュ、ニルプ、バルニ、ヤンスペック、ロサ・オリエンティスなど国内外のブランドローズのほか、バラ栽培資材など

購入方法：ネット通販：〇　カタログ注文：—　店舗販売：—　FAX：—

| 京都府 | **京都・洛西 まつおえんげい** | 主な取扱ブランド | 専売品種ローズアンシャンテのほか、イングリッシュ・ローズやハークネスなど国内外のブランドローズ、クレマチス苗、各種ガーデニング資材など |

〒610-1151 京都府京都市西京区大枝西長町3-70
TEL 075-331-0358　FAX 075-331-8710
http://matsuoengei.web.fc2.com/　http://matsuoengei.ocnk.net/（ウェブショップ）

購入方法	ネット通販：○	カタログ注文：○
	店舗販売：○	FAX：○

| 大阪府 | **京阪園芸**（販売部 バラ苗&販売） | 主な取扱ブランド | 京阪園芸セレクション、F&G ROSE、ロサ・オリエンティス、河本バラ園、デルバール、ドリュなどの国内外のブランドローズのほか、クリスマスローズなどの宿根草、ラン、園芸資材など |

〒573-0061 大阪府枚方市伊加賀寿町1-5
TEL 072-844-1187（ウェブショップ）　072-844-1785（販売部 バラ苗&販売）
https://keihan-engei.com/　http://www.keihan-engei-gardeners.com/（通販サイト）

購入方法	ネット通販：○	カタログ注文：○
	店舗販売：○	FAX：—

| 大阪府 | **デビッド・オースチン・ロージズ** | 主な取扱ブランド | デビッド・オースチン作出のイングリッシュ・ローズ約200種を販売。豊かな香りと多彩な花姿が魅力 |

〒590-0524 大阪府泉南市幡代2001
TEL 072-480-0031　FAX 072-480-0032
https://www.davidaustinroses.co.jp

購入方法	ネット通販：○	カタログ注文：○
	店舗販売：○	FAX：○

| 大阪府 | **イタミ・ローズ・ガーデン** | 主な取扱ブランド | 50年の歴史を持ち、イングリッシュ・ローズなどのバラ苗約500品種と、バラ栽培資材を取り扱う |

〒563-0351　大阪府豊能郡能勢町栗栖61-10
TEL 072-734-7888　FAX 072-344-5820
http://www.irg.co.jp/

購入方法	ネット通販：○	カタログ注文：○
	店舗販売：○	FAX：○

| 兵庫県 | **坂上勘右衛門商会**　ニューローズ | 主な取扱ブランド | 香り高いオールド・ローズを中心に、モダン・ローズやハーブ、園芸資材など |

〒665-0881 兵庫県宝塚市山本東2-3-19
TEL 0797-88-0147　FAX 0797-88-0825
取り扱いの品種リスト請求は「ニューローズ宛」

購入方法	ネット通販：—	カタログ注文：○
	店舗販売：○	FAX：○

| 愛媛県 | **相原バラ園** | 主な取扱ブランド | デルバール、ギヨー、メイアン、タンタウ、コルデスなどのブランドローズのほか、草花の苗、園芸資材など |

〒790-0053 愛媛県松山市竹原2-16-15
TEL 089-931-5588　FAX 089-931-0567
http://www.i-rose.net/

購入方法	ネット通販：○	カタログ注文：○
	店舗販売：○	FAX：○

| 広島県 | **広島バラ園** | 主な取扱ブランド | オールド・ローズやハイブリッド・ティー・ローズ、修景バラなど世界の名品種を集めて販売するバラ苗の専門店 |

〒738-0203 広島県廿日市市友田91-2
TEL 0829-74-0121　http://hirobara.b.la9.jp/
https://www.rakuten.co.jp/auc-hiroshimabaraen/（ウェブショップ）

購入方法	ネット通販：○	カタログ注文：○
	店舗販売：○	FAX：—

索引

本書で解説したバラの名前を50音順に配列しています。

あ

アイ・オブ・ザ・タイガー　139
アイヴァンホー　127
アイズ・オン・ミー　139
アイズ・フォー・ユー　138
アイスバーグ　024
アウェイクニング　030
あおい　132
安曇野（あずみの）　045
艶姿（あですがた）　068
アネモネ　051
アプリコット・キャンディ　147
天津乙女（あまつおとめ）　075　076
アメジスト・バビロン　139
アリスター・ステラ・グレー　067
アルバ・セミプレナ　057
アルバ・マキシマ　057
アルバータイン
　→アルベルティーヌ　026
アルバーティン
　→アルベルティーヌ　026
アルベリック・バルビエ　023
アルベルティーヌ　026
淡雪（あわゆき）　041
アンクル・ウォルター　011
アンゲリカ　122
アンジェラ　036
アンナプルナ　099
アンバー・クイーン　078
アンブリッジ・ローズ　092
イージー・タイム　123
イヴ・ピアジェ　116
イエスタデイ　050
夜来香（いえらいしゃん）　141
イエロー・クイーン・エリザベス　032
イエロー・セシル・ブリュネ
　→ベル・ドール　054
イエロー・ブラス・バンド　080
イエロー・ムタビリス　064
いおり　132
イザヨイバラ　053
イングリッシュ・ヘリテージ　106
イングリッド・バーグマン　010　074
インドラ　120
イントリーグ　114
ヴァーム　119
ヴァリエガータ・ディ・ボローニャ　070
ヴィオレットゥ　073
ヴィリディフローラ　065
ウィンチェスター・キャシードラル　042
ウォラトン・オールド・ホール　100
鵜匠（うしょう）　010
宇部小町（うべこまち）　044
うらら　083
エクセルサ　073
エクレール　087
エデュアール・マネ　133
エリナ　027
エレン・ウィルモット　101
エンジェル・スマイル　088
エンジェル・フェイス　088
エンチャンテッド・イヴニング　082
オーギュスト・ゲルプ　023
オールド・ブラッシュ　065
オーレ　011
オギュスティヌ・ギノワゾ
　→ホワイト・ラ・フランス　033
オクラホマ　104
オフィーリア　074　105
オリーブ　087
織部（おりべ）　118
オレンジ・マザーズデイ　087
オンディーナ　117

か

カーディナル　008
ガーデニア　023
ガーデン・オブ・ロージーズ　134
ガートルード・ジーキル　097
カインダ・ブルー　145
かおりかざり　132
カクテル　039
香久山（かぐやま）　116
カフェ　112
ガブリエル　075　111
カラーブレイク　125
ガラシャ（伽羅奢）　040
カリフォルニア・ドリーミング　014
カルディナル・ドゥ・リシュリュー　059
カルメネッタ　115
黄覆輪葉イザヨイバラ
　（きふくりんばいざよいばら）　053
キモッコウバラ　049　148
キャロリン・ナイト　134
金華山（きんかざん）
　→レディ・ヒリンドン　066
クイーン・エリザベス　032
クイーン・オブ・ビューティ・アンド・フレグランス
　→スヴニール・ドゥ・ラ・マルメゾン　071
クイーン・バガテル　074　119
グラハム・トーマス　003　075　098
グラミス・キャッスル　091
グリーン・アイス　090
クリスタル・フェアリー　052
グルス・アン・アーヘン　085
グルス・アン・テプリッツ　065
グレー・パール　113
グレート・メイドゥンズ・ブラッシュ　057
グレーフィン・ディアナ　127
クレステッド・モス
　→シャポー・ドゥ・ナポレオン　061
クロード・モネ　133
クローネンブルク　013
黒真珠（くろしんじゅ）　010
クロティルド・スペール
　→粉粧楼　111
クロンプリンツェシン・ヴィクトリア　071
群星（ぐんせい）　055
郡舞（ぐんまい）　055
ケンティフォーリア・ムスコーサ
　→コモン・モス　062
紅玉（こうぎょく）　146
コーネリア　056
コーヒー・ルンバ　113
コーラル・クイーン・エリザベス　032
ゴールデン・セレブレーション　098
ゴールデン・リバー　012
ゴールド・バニー　079
ゴールド・ブレンド　113
ゴールドモス　063
コティヨン　082
コテージ・ローズ　042
コモン・モス　062
コンスタンス・スプライ　015　075
コントゥ・ドゥ・シャンボール　069

さ

ザ・フェアリー　052
ザ・マッカートニー・ローズ　104
サイレント・ラブ　129
桜貝（さくらがい）　081
桜鏡（さくらかがみ）
　→デュシェス・ドゥ・ブラバン　066
サハラ'98　028

サマー・クイーン　032
サマー・スノー（つる）　020
サマー・スノー（ブッシュ）　020
サマー・ソング　134
サマー・ドリーム　043
サラマンダー　128
サンショウバラ　053
サンショウバラ・羽衣
　（さんしょうばら・はごろも）　053
サンセット・グロウ　123
サンダーズ・ホワイト・ランブラー　072
ジェイムズ・ヴィッチ　062
シェエラザード　144
シカゴ・ピース　013
紫玉（しぎょく）　059
しのぶれど　140
ジャクリーヌ・デュ・プレ　034
ジャスミーナ　143
ジャック・カルティエ　069
シャポー・ドゥ・ナポレオン　061
シャリマー　075
ジャルダン・ドゥ・フランス　074　081
シャルル・ドゥ・ゴール　095
シャルル・ドゥ・ミル　059
ジュード・ジ・オブスキュア　100
ジューン・ブライド　084
珠玉（しゅぎょく）　146
シュネービッチェン
　→アイスバーグ　024
シュネープリンセス　087
ジュビレ・デュ・プランス・ドゥ・モナコ　089
ジュリア　074　119
ジュリアズ・ローズ
　→ジュリア　119
シルバー・シャドウズ　095
白桜鏡（しろさくらかがみ）
　→ホワイト・デュシェス・ドゥ・ブラバン　066
伸（しん）　072
シングル・ピンク　065
新雪（しんせつ）　015　075
スイート・セレナーデ　130
スイート・ドリーム　043
スイート・パローレ　128
スヴニール・ドゥ・セント・アンズ　071
スヴニール・ドゥ・ラ・マルメゾン　071
スーパー・トゥルーパー　147
スカボロー・フェア　090
ステンレス・スチール　095
ストレンジ・ミュージック　063
ストロベリー・アイス　037
スノー・グース　041
スノー・ペイブメント　100
スパニッシュ・ビューティ　026

スプリング・ドリーム　043
スプリング・パル　021
須磨（すま）　045
スマイリング・アイズ　139
すまいる・優雅（すまいる・ゆうが）　021
青龍（せいりゅう）　117
世界図（せかいのず）
　→スヴニール・ドゥ・ラ・マルメゾン　071
セシル・ブリュネ　054
セプタード・アイル　096
セレッソ　082
禅（ぜん）　110　150
センパフローレンス　065
ソニャドール　131

た

ダッチェス・オブ・アルバニー
　→レッド・ラ・フランス　033
ダブル・デライト　107
ダブル・ノック・アウト　017
玉鬘（たまかずら）　146
玉藻（たまも）　117
ダンウィッチ・ローズ　056
チェロキー・ローズ
　→ナニワイバラ　051
チャーリー・アンバー　079
チャーリー・ブラウン　075　079
チャールズ・レニー・マッキントッシュ　085
チョコレート・サンデー　124
チョコレート・プリンス
　→テラコッタ　124
チョコレート・リップルス
　→ブラウニー　125
つる アイスバーグ　025
つる うらら　083
つる エンジェル・フェイス　088
つる クリムゾン・グローリー　107
つる ゴールド・バニー　029
つる シュネービッチェン
　→つる アイスバーグ　025
つる セシル・ブリュネ　054
つる ディスタント・ドラムス　109
つる デュシェス・ドゥ・ブラバン　066
つる ノック・アウト　017
つる ホワイト・クリスマス　099
つる ラ・フランス　033
つる ラスティング・ラブ　103
つる ラブ　083
つる ローズうらら
　→つる うらら　083
ディオレンサス　095
ディスタント・ドラムス　108

テディ・ベアー　078
デュシェス・ドゥ・ブラバン　066
デュセス・ドゥ・モンテベロ　058
テラコッタ　124
天地開（てんちかい）
　→ラ・フランス　033
デンティ・ベス　101
ドゥフトボルケ　102
トランクウィリティー　136
トリギンティペタラ　060
ドレスデン・ドール　063
ドロシー・パーキンス　073

な

ナエマ　106
ナニワイバラ　051
南部ざくら（なんぶざくら）　021
日光（にっこう）
　→グルス・アン・テプリッツ　065
ニュイ・ドゥ・ユング　062
ニュー・ドーン　030
ノイバラ　055
ノイバラ'満男錦'（のいばらみつおにしき）　055
ノヴァーリス　145
のぞみ　045　075
ノック・アウト　017　075

は

バーガンディ・アイスバーグ　024
パーパ・ジョン・ポールⅡ　142
パープル・スプラッシュ　131
パープル・タイガー　114
ハーモニー　102
羽衣（はごろも）　043
ハトヤバラ
　→アネモネ　051
ハニー・ディジョン　122
パパ・メイアン　104
パヒューム・パーフェクション
　→コティヨン　082
バフ・ビューティ　039
ハリー・エドランド　095
春がすみ（はるがすみ）　021
春風（はるかぜ）　012
パルテノン　014
バレリーナ　046
パローレ　128
バロン・ジロ・ドゥ・ラン　068
ハンス・ゲーネバイン　140
パンプキン・キャリッジ　063
ピース　013　075

ピエ・ドゥー　106
ピエール・ドゥ・ロンサール　018
ビバリー　143
ピンク・グルス・アン・アーヘン　085
ピンク・ダブル・ノック・アウト　017
ピンク・チェロキー
　　→アネモネ　051
ピンク・ノック・アウト　017
ピンク・フレンチ・レース　091
ピンク・マザーズデイ　087
ピンクノイバラ　055
ファザーズ・デイ　087
ファンタン-ラトゥール　061
フィリス・バイド　067
風香（ふうか）　122
ブータンナニワイバラ　051
フェアリー・クイーン　052
フェアリー・ボタン　052
フォー・ユア・アイズ・オンリー　139
不二（ふじ）
　　→フラウ・カール・ドルシュキ　068
ブライダル・ピンク　084
ブライダル・ホワイト　084
フラウ・カール・ドルシュキ　068
ブラウニー　125
ブラウン・ヴェルヴェット
　　→カラーブレイク　125
ブラス・バンド　080
ブラック・ティー　075　103
ブラッシュ・ノワゼット　067
ブラッシング・アイスバーグ　024
ブラッシング・ノック・アウト　016
プラム・パーフェクト　145
ブラン・ピエール・ドゥ・ロンサール　019
プランセス・ドゥ・モナコ　014
フランソワ・ジュランヴィル　022
フリージア　097
ブリッジ・オブ・サイ　038
ブリリアント・ピンク・アイスバーグ　024
プリンセス・シヴィル・ドゥ・ルクセンブルク　131
ブルー・パフューム　095
ブルー・バユー　031
ブルー・フォー・ユー　137
ブルー・マジャンタ　073
ブルー・ムーン　074　094
ブルー・ランブラー　073
ブルー・リバー　095
ブルース・ハープ　131
フレーミング・ピース
　　→クローネンブルク　013
フレグランス・オブ・フレグランシズ　116
フレグラント・クラウド
　　→ドゥフトボルケ　102

プレッツァ　048
フレンチ・レース　091
プロスペリティ　038
ブロドリー　113
粉粧楼（ふんしょうろう）　111
ペインテッド・ダマスク
　　→レダ　060
ペネロペイア　144
ベラ・ドンナ　141
ベル・イジス　059
ベルベティ・トワイライト　126　148　150
ペルル・ドール　054
ペレニアル・ブルー　127
ヘンリー・フォンダ　029　074
芳純（ほうじゅん）　105
ボーダー・ローズ
　　→ストロベリー・アイス　037
ポール・トランソン　023
ポール・ネイロン　068
ポール・ノエル　023
ポールズ・ヒマラヤン・ムスク　072
ホット・ココア　125
ホット・チョコレート　125
ボレロ　137
ホワイト・ウィングス　101
ホワイト・クイーン・エリザベス　032
ホワイト・クリスマス　099
ホワイト・グルス・アン・アーヘン　085
ホワイト・コスター　087
ホワイト・ジャック・カルティエ　069
ホワイト・セシル・ブリュネ　054
ホワイト・デュシェス・ドゥ・ブラバン　066
ホワイト・ドロシー・パーキンス　073
ホワイト・ニュー・ドーン　030
ホワイト・マルメゾン
　　→クロンプリンツェシン・ヴィクトリア　071
ホワイト・ラ・フランス　033
ボンボネッラ　037

ま

マーガレット・メリル　099
マザーズデイ　086
マジェンタ・スカイ　131
真宙（まそら）　122
マダム・アルディ　060
マダム・アルフレッド・キャリエール　067
マダム・ヴィオレ　031
マダム・グレゴワール・シュターヘリン
　　→スパニッシュ・ビューティ　026
マダム・ジョゼフ・シュヴァルツ
　　→ホワイト・デュシェス・ドゥ・ブラバン　066
マダム・ゾエトマン　060

マダム・バタフライ　105
マダム・ピエール・オジェ　070
マダム・ヒデ　110
マダム・ブラヴィ　066
マダム・ルグラ・ドゥ・サン・ジェルマン　057
マダム・ルナイ　068
マチルダ　089
万灯火（まとび）　045
マニントン・マウブ・ランブラー　072
まほろば　133
真夜（まよ）　126
マルク・シャガール　133
マルゴズ・シスター　087
マルメゾン・ルージュ
　　→ルーイソン・ゴワー　071
万葉（まんよう）　118
ミスター・リンカーン　104
ミステリューズ　130
宮城野（みやぎの）　045
ムスー・デュ・ジャポン　062
ムタビリス　064
メアリー・ローズ　042　074
モチーフ　135
モッコウバラ　048

や

雪あかり（ゆきあかり）　045
雪っ子（ゆきっこ）　136
夢乙女（ゆめおとめ）　045
夢香（ゆめか）　114
陽台の夢（ようだいのゆめ）
　　→ポール・ネイロン　068
ヨハネ・パウロ2世
　　→パーパ・ジョン・ポールⅡ　142

ら

ラ・フランス　033
ラ・マリエ　129
ラ・レーヌ・ヴィクトリア　070
ラ・ローズ・ドゥ・モリナール　129
ラヴェンダー・ドリーム　050
ラヴェンダー・メイディランド　050
ラスティング・ラブ　103
ラディッシュ　087
ラブ　083
ラプソディ・イン・ブルー　130
ラブリー・フェアリー　052
ラモナ　051
リージャン・ロード・クライマー・グループ　066
りくほたる　132
ル・ブラン　135

ル・ポール・ロマンティーク 019
ルイ・リール 115
ルイーズ・オディエ 070
ルーイソン・ゴワー 071
ルドゥーテ 042
レイニー・ブルー 141
レーヌ・デ・ヴィオレッテ 068
レオンティーヌ・ゲルプ 022
レダ 060
レッド・キャスケード 038
レッド・チェロキー
　→ラモナ 051
レッド・ドロシー・パーキンス
　→エクセルサ 073
レッド・ラ・フランス 033
レディ・ヒリンドン 066
ロイヤル・サンセット 028

ローズ・シナクティフ 142
ローズ・テディ・ベアー
　→テディ・ベアー 078
ローズ・ドゥ・モー 061
ローズ・ドゥ・モー・ホワイト 061
ローズ-マリー 106
ローズうらら
　→うらら 083
ローゼンドルフ・シュパリースホープ 037
ロココ 027
ロサ・ガリカ・オフィキナーリス 059
ロサ・ガリカ'ヴェルシコロール' 059
ロサ・グラウカ 115
ロサ・ケンティフォーリア 061
ロサ・バンクシアエ・ノルマリス 048
ロサ・バンクシアエ・ルテア
　→キモッコウバラ 049

ロサ・バンクシアエ・ルテスケンス 048
ロサ・ヒルツラ
　→サンショウバラ 053
ロサ・ムリガニー 072
ロサ・ムルティフローラ
　→ノイバラ 055
ロサ・ラエウィガータ
　→ナニワイバラ 051
ロサ・ラエウィガータ（ブータン産）
　→ブータンナニワイバラ 051
ロサ・ルクスブルギー・ルクスブルギー
　→イザヨイバラ 053
ロサ・ルブリフォーリア
　→ロサ・グラウカ 115
ロマンティック・ジュリア 119
ロワ・ドゥ・ロンサール 019

バラ品種解説に登場した用語集（50音順）

【ウィーピング・スタンダード】長く伸ばした台木の先に接ぎ木して仕立てるスタンダード仕立てのうち、枝がしなやかなつるバラを接ぎ木し、枝垂れさせたもの。

【うどんこ病】葉が白い粉に覆われ、進行すると株にダメージを与える病気（P.148）。

【枝変わり】突然変異で株の一部や全部が、その品種とは異なる性質に変化すること。

【ガーデン・ローズ】屋外で観賞用に栽培するバラ。切り花として温室で栽培する切り花品種に対する言葉。

【抱え咲き】花の中心を花弁が抱え込むようになった花形。

【グリーン・アイ】花芯に現れる緑のしべ状のもの。

【黒星病（くろほしびょう）】葉に黒くにじんだような斑が現れ、進行すると落葉し株にダメージを与える病気（P.148）。

【剣弁（けんべん）、半剣弁、丸弁、波状弁】花弁の形状の表現。花弁の端が外側に反転するものを剣弁、軽く反転するものを半剣弁、反転しないものを丸弁といい、花弁の縁が波打つものを波状弁という。

【高芯咲き（こうしんざき）、平咲き（ひらざき）、カップ咲き】花を横から見た時に中央が高いものを高芯咲きといい、平たいものを平咲き、カップのような形のものをカップ咲きという。

【極早生（ごくわせ）、早生（わせ）、中生（なかて）、晩生（おくて）】開花期の早晩を表す言葉。バラの場合は、極早生は4月中～下旬に咲く品種（関東地方以西の平地基準）。

【サッカー】地中で水平に伸びる根から生じるシュートのこと。吸枝。

【樹勢（じゅせい）】木の成長力。

【シュラブ・ローズ（半つる性）】木立ち性のバラとつる性のバラの中間に位置するバラ。半自立状態で生育。

【節間（せっかん）】葉や枝が出ている箇所を節と呼び、節と節の間を節間と呼ぶ。

【腺毛（せんもう）】粘液を分泌する毛状の突起。モス・ローズ（P.062）は花首や萼片などがコケのように見える腺毛で覆われている。

【段差剪定】長い、中間、短い枝というふうに、枝の長さに段差をつけて、株全面に花が咲くように剪定する方法。

【直立性、半直立性、半横張り性、横張り性】樹形の枝の伸び方。垂直に伸びるものを直立といい、横に広がるように伸びるものを横張りという。

【つる性、つるバラ】枝が長く伸びるため、アーチやフェンスなどの構造物に誘引して咲かせるバラ。

【半八重咲き、セミダブル咲き】花弁が20枚未満程度のもの。

【一重咲き】花弁が5～7枚程度の花形。

【ブッシュ・ローズ（木立ち性）】支柱や構造物に誘引しなくても自立して生育するバラ。

【ブラインド】花が付かない枝のこと。もともと花付きが悪い品種や気温に敏感で若い花芽が枯死する場合などに発生。

【分枝（ぶんし）】枝分かれすること。

【ボタン・アイ】花の中心付近の花弁が芯を抱え込むようになっている状態。

【実生（みしょう）】種子から発芽した幼植物。および、その成長した植物。

【モダン・ローズ】1867年に作出された'ラ・フランス'（P.033）を境に、1867年以降に誕生した系統に属するバラをモダン・ローズ。それ以前の系統に属するバラをオールド・ローズ（P.075）とする。

【ローズ・ヒップ】バラの実。種類によっては美しく観賞価値が高い。

【ロゼット咲き、クォーター・ロゼット咲き】内に行くほど小さな花弁が配列されている咲き方。花芯が複数に割れるものを、クォーター・ロゼット咲きという。

執筆＆監修

河合伸志
Takashi Kawai

幼少時代から様々な植物に慣れ親しみ、その長年の栽培経験からくる植物知識は膨大で、特にバラについては群を抜いている。現在は「横浜イングリッシュガーデン」にてスーパーバイザーとして園内の総合監修を行う傍ら、各地での講演、講座、管理指導、植栽デザインなどを行う。書籍や雑誌の執筆、テレビ出演多数。新品種コンクールにて作出品種の受賞多数。

執筆

永井啓太郎（ながい けいたろう）「横浜イングリッシュガーデン」のチーフガーデナー。庭づくりの世界に惹かれ京都や神戸にて修行を積んだのち現職に。園内のランドスケープも担当。

遠藤美佐（えんどう みさ）「横浜イングリッシュガーデン」のガーデナー。園内のサポーター活動やワークショップ講師、季節のイベント装飾なども手掛ける。

黒田智史（くろだ さとし）「横浜イングリッシュガーデン」のガーデナー。東京農業大学を卒業後、バラの生産に携わり現職に。園内のバラ管理を中心に幅広く植物管理も行う。

美しく 育てやすい バラ銘花図鑑

2019年3月20日　第1刷発行

監修者　河合伸志
発行者　中村　誠
印刷　株式会社文化カラー印刷
製本所　大口製本印刷株式会社
発行所　株式会社 日本文芸社
　　　〒101-8407 東京都千代田区神田神保町1-7
　　　TEL 03-3294-8931（営業）
　　　　　03-3294-8920（編集）

Printed in Japan 112190227-112190227 N 01 (080007)
ISBN978-4-537-21667-7
URL https://www.nihonbungeisha.co.jp/
©Takashi Kawai
（編集担当　牧野）

乱丁・落丁本などの不良品がありましたら、小社製作部宛にお送りください。送料小社負担にておとりかえいたします。法律で認められた場合をのぞいて、本書からの複写・転載（電子化含む）は禁じられています。また、代行業者の第三者による電子データ化及び電子書籍化は、いかなる場合も認められていません。

カバー写真

桜野良充　（撮影協力／国営越後丘陵公園）

カバー裏写真

今井秀治　（撮影協力／京成バラ園）

品種写真

今井秀治	P.014-015,019,021,023,025,039,042,048-051,057-062,064-067,069-070,075,078,081,085,089,095,098,099,106,110,114,117,122,126,134,137,140-141,143
入谷伸一郎	P.062
植原直樹	P.002-003,010-013,015,024,031,039,046-047,052,061,065,070,074-075,083,090-091,094,104,111,113-114,134,138
大森プランツ	P.139
確実園本園	P.052
河合伸志	P.010-014,017,019,021-024,026-029,031-035,037-038,040-045,050-057,060,062-063,065-066,068,072,074-075,078-080,082-085,087,088,090-093,095-097,099-107,109-125,127-132,134,135-137,139,143,145-147
河本麻記子	P.113,116
京成バラ園芸	P.014,017,050,052,081-082,091,104,127-128,139,142,145
京阪園芸	P.024,032,132
コマツガーデン	P.045,087,131
桜野良充	P.008-009,045,108-109,148,150,152
3and garden	P.018-019,022,030,041,056,059,067,070,072,076-077,087,095,115,131,133,135,139,148-151
竹田正道	P.016,020,026,036,086,106,123
花ごころ	P.106,133,142
バラの家	P.030,063,071,073,085,087,144
姫路ばら園八ヶ岳農場	P.030,032-033,045,054,061,067-068,071,073,084,087,095,105
松本路子	P.026,045,053,055,057,059,068,072-074,104-105,124,131,133-134,145
山口幸一	P.020,027-029,037-038,042,045,054,073,079-080,082,100,117,129

品種写真撮影協力

生田緑地ばら苑、いわみざわ公園バラ園、花菜ガーデン、旧古河庭園、群馬県渡辺邸、京成バラ園、国営越後丘陵公園、コピスガーデン、東武トレジャーガーデン、長野県熊井邸、中之条ガーデンズ、なばなの里、ハウステンボス、薔薇舘、仏蘭西料理 貝殻亭、山下公園、山梨県立フラワーセンター ハイジの村、横浜イングリッシュガーデン

デザイン・編集

3and garden　（倉重香理、鶴岡思帆、原 由子）